Kohlhammer

Politik verstehen

Herausgegeben von Siegfried Frech, Philipp Salamon-Menger und Helmar Schöne

Eine Übersicht aller lieferbaren und im Buchhandel angekündigten Bände der Reihe finden Sie unter:

 https://shop.kohlhammer.de/politik-verstehen

Die Autorinnen

Dr. Margarete Menz ist Erziehungswissenschaftlerin an der Pädagogischen Hochschule Schwäbisch Gmünd. Als langjährige Gleichstellungsbeauftragte hat sie zusammen mit Katrin Sorge die Personal- und Organisationsentwicklung mitgestaltet. Sie forscht in der erziehungswissenschaftliche Migrations- und Geschlechterforschung zu gesellschaftlicher Teilhabe, der Reproduktion sozialer Ungleichheit und der Bedeutung aktueller Emanzipationsdiskurse.

Katrin Sorge war zehn Jahre als universitäre Gleichstellungsreferentin und Dozentin beschäftigt. Aktuell ist sie im Landeszentrum für Gleichstellung und Vereinbarkeit in M-V beim Landesfrauenrat Mecklenburg-Vorpommern e. V. tätig. Hier unterstützt sie Landesinstitutionen dabei, die Gleichstellung der Geschlechter in EU-Fördermaßnahmen umzusetzen.

Margarete Menz/
Katrin Sorge

Gleichberechtigung in Deutschland

Verlag W. Kohlhammer

Dieses Werk einschließlich aller seiner Teile ist urheberrechtlich geschützt. Jede Verwendung außerhalb der engen Grenzen des Urheberrechts ist ohne Zustimmung des Verlags unzulässig und strafbar. Das gilt insbesondere für Vervielfältigungen, Übersetzungen, Mikroverfilmungen und für die Einspeicherung und Verarbeitung in elektronischen Systemen.

Es konnten nicht alle Rechtsinhaber von Abbildungen ermittelt werden. Sollte dem Verlag gegenüber der Nachweis der Rechtsinhaberschaft geführt werden, wird das branchenübliche Honorar nachträglich gezahlt.

Dieses Werk enthält Hinweise/Links zu externen Websites Dritter, auf deren Inhalt der Verlag keinen Einfluss hat und die der Haftung der jeweiligen Seitenanbieter oder -betreiber unterliegen. Zum Zeitpunkt der Verlinkung wurden die externen Websites auf mögliche Rechtsverstöße überprüft und dabei keine Rechtsverletzung festgestellt. Ohne konkrete Hinweise auf eine solche Rechtsverletzung ist eine permanente inhaltliche Kontrolle der verlinkten Seiten nicht zumutbar. Sollten jedoch Rechtsverletzungen bekannt werden, werden die betroffenen externen Links soweit möglich unverzüglich entfernt.

Umschlagabbildung: Gerd Altmann

1. Auflage 2023

Alle Rechte vorbehalten
© W. Kohlhammer GmbH, Stuttgart
Gesamtherstellung: W. Kohlhammer GmbH, Stuttgart

Print:
ISBN 978-3-17-037761-5

E-Book-Formate:
pdf: ISBN 978-3-17-037762-2
epub: ISBN 978-3-17-037763-9

Inhalt

1	**Einleitung**	**7**
2	**»Lieber fliegen als kriechen« – Der Kampf um Gleichberechtigung in den letzten 200 Jahren**	**13**
2.1	Freiheit – Gleichheit – Schwesterlichkeit? Die Situation in Europa und Deutschland um 1800	14
2.2	Die erste Frauenbewegung: Gleiche Bildungschancen, bessere Arbeitsbedingungen und das zähe Ringen um das Frauenwahlrecht	22
2.3	Vom Wahlrecht für Frauen zu Volk und Vaterland: Weimarer Republik und Nationalsozialismus	37
2.4	Restauration und neuer Aufbruch: Der Beginn der rechtlichen Gleichstellung im geteilten Deutschland	50
2.5	Ein neues Fundament für das nächste Jahrhundert: Gleichberechtigung nach der Wiedervereinigung	77
3	**Längst kein Thema mehr? Gleichberechtigung heute**	**90**
3.1	Bildung und Ausbildung	91
3.2	Erwerbsarbeit und Entgelt	96

Inhalt

3.3	Haushalt, Kinderbetreuung und Pflege von Angehörigen	104
3.4	Politische Führungspositionen	111

4	**Herausforderungen und Perspektiven für Gleichberechtigung im 21. Jahrhundert**	**116**
4.1	Care-Arbeit: Die ungelöste gesellschaftliche Aufgabe	117
4.2	Gewalt im Geschlechterverhältnis	120
4.3	Gleichberechtigung aller Geschlechter und sexueller Identitäten	129
4.4	Neue Kämpfe um alte Rechte: Angriffe auf Gleichberechtigung und Demokratie	137

5	**Fazit**	**149**

Literaturverzeichnis   152

Abbildungsverzeichnis   166

1

Einleitung

Demokratie als Regierungsform bedeutet, dass die Bürger*innen eines Staates an politischen Entscheidungen beteiligt sind und mitbestimmen können. Doch diese sogenannte ›Herrschaft des Volkes‹ meinte ursprünglich längst nicht alle erwachsenen Personen: In der griechischen Demokratie vor etwa 2.500 Jahren durften z. B. Frauen und Sklaven nicht wählen oder gewählt werden. Nur die Männer, deren Väter bereits Bürger Athens waren, konnten mitbestimmen. Diese Demokratie war daher unvollständig.
Im heutigen Verständnis sind alle erwachsenen Bürger*innen eines Staates miteingeschlossen. Dies ist jedoch keine Selbstverständlichkeit, sondern musste erkämpft werden. Denn allein das Recht zu wählen und gewählt zu werden, war lange an einen bestimmten Besitzstand und an das männliche Geschlecht gebunden.

1 Einleitung

Erst seit 1919 können Frauen in Deutschland das aktive und das passive Wahlrecht ausüben und erst seit 1949 postuliert die deutsche Verfassung die Gleichberechtigung von Männern und Frauen in allen Bereichen.[1] Die Gleichberechtigung der Geschlechter ist damit gleichzeitig das Versprechen und die Voraussetzung vollständiger Demokratie.

Formale Gleichberechtigung und gesellschaftliche Teilhabe der Geschlechter

Was bedeutet Gleichberechtigung von Männern und Frauen? Im engeren Sinne bezeichnet Gleichberechtigung den Zustand, dass alle Personen unabhängig vom Geschlecht die gleichen Rechte und Pflichten haben bzw. dass rechtliche Ungleichbehandlung aufgrund des Geschlechts verboten ist. Zugleich aber geht der Begriff der Gleichberechtigung im weiteren Sinne über diese formale Gleichheit hinaus, denn sie schließt auch gleiche gesellschaftliche Teilhabemöglichkeiten ein. In einer gleichberechtigten Gesellschaft haben demnach alle Personen die gleichen Chancen und Möglichkeiten, erfahren keine geschlechtsbezogene Diskriminierung und können ihr Leben selbst bestimmen und entfalten. Mitbestimmung, insbesondere Partizipation in politischen Prozessen, ist wiederum auch davon abhängig, ob alle in gleichem Maße mitsprechen können und gehört werden und ob damit in den demokratischen Prozessen vielfältige Perspektiven berücksichtigt werden.

Statt ›Gleichberechtigung‹ im Sinne der gleichen gesellschaftlichen Teilhabemöglichkeiten wird zunehmend der Begriff ›Gleichstellung‹ verwendet. ›Gleichstellung‹ wird jedoch in der Praxis häufig nur in Bezug auf eine zahlenmäßig gleiche Repräsentanz

---

1 In Deutschland ist das Wahlrecht im Allgemeinen an die deutsche Staatsangehörigkeit gebunden. Nur auf kommunaler Ebene sind seit 1992 Personen mit einer Staatsangehörigkeit aus der EU wahlberechtigt und wählbar.

1 Einleitung

von Männern und Frauen verstanden und als Ziel verfolgt. Zwar ist z.B. die Steigerung des Frauenanteils in Führungspositionen ein wichtiges Ziel in Bezug auf Gleichberechtigung. Aber es wäre zu kurz gegriffen, nur auf diese Zahl zu schauen, wenn es darum geht, ob Frauen gleiche Aufstiegschancen oder Gestaltungsmacht haben wie Männer. Auch stößt der Gleichstellungsbegriff in der Praxis dort an seine Grenzen, wo es um Teilhabemöglichkeiten von LGBTIQ+-Menschen geht, und z.b. bei Themen wie dem Schutz vor Diskriminierung und Gewalt. Wir sprechen daher vorwiegend von ›Gleichberechtigung‹, um den Leitgedanken des damit verbundenen demokratischen Versprechens stark zu machen.

Aufbau des Buches

Dieses Buch führt in das Thema der Gleichberechtigung der Geschlechter in zweifacher Weise ein, indem es zunächst die geschichtliche Entwicklung nachzeichnet und anschließend aktuelle Herausforderung im Bemühen um Gleichberechtigung in den Blick nimmt. Die Kapitel bauen chronologisch aufeinander auf, sind aber auch unabhängig voneinander zu lesen. Wo sinnvoll, geben wir weiterführende Hinweise auf Bücher, Filme oder Internetquellen, die an die Themen anschließen.

Zugang zur Bildung, Zugang zur Erwerbsarbeit und die rechtliche Gleichstellung sind drei zentrale Bereiche, an denen sich (Un-)Gleichheit von Menschen abbildet. Wir legen den Fokus daher auf diese Themen und stellen in *Kapitel 2* aus historischer Perspektive zentrale Entwicklungslinien und Meilensteine dar.

Als Startpunkt haben wir dabei die Französische Revolution gewählt, auch wenn dies selbstverständlich nicht den Beginn der Bemühungen um Gleichberechtigung darstellt. Die Französische Revolution war aber für Europa insofern entscheidend, als mit ihr und mit dem Zeitalter der Aufklärung Entwicklungen im Verhältnis der Geschlechter ihren Anfang nahmen, die bis in die heutige Zeit Auswirkungen haben.

1 Einleitung

Die erste deutsche Frauenbewegung im 19. Jahrhundert kämpfte für formale Gleichheit und für das Frauenwahlrecht ebenso wie für das Recht von Frauen, ihren eigenen Lebensunterhalt zu verdienen und die gleiche Bildung zu erreichen wie Männer.

Die Diktatur des Nationalsozialismus mit ihren starren Geschlechterideologien, der rassistischen Bevölkerungspolitik und der Verfolgung homosexueller Menschen wiederum zerstörte viele dieser Erfolge. Nicht zu vergessen ist dabei jedoch, dass Frauen ideologisch und rechtlich zwar Männern untergeordnet waren, sie aber dennoch auch von dem System profitiert und daran mitgearbeitet haben.

Den vier ›Müttern des Grundgesetzes‹ ist schließlich die Verankerung der Gleichberechtigung im Grundgesetz der Bundesrepublik zu verdanken. In die Verfassung der DDR wiederum wurde der Gleichheitsgrundsatz zwar mit großer Selbstverständlichkeit aufgenommen, erfuhr allerdings in der Umsetzung eine starke Engführung auf den Erwerbsbereich.

Im weiteren Verlauf entwickelten sich in den zwei deutschen Staaten sehr unterschiedliche Geschlechterverhältnisse und formale und faktische (Un-)Gleichheiten, die wir an zentralen Themen wie der reproduktiven Selbstbestimmung von Frauen und der Vereinbarkeit von Beruf und Familie erläutern. Einen besonderen Fokus legen wir dabei auch auf die Entstehung und Wirkung der zweiten Frauenbewegung in der Bundesrepublik, da diese nachhaltig bedeutsam für die weitere Entwicklung der Gleichberechtigung war.

Die Wiedervereinigung brachte für die neuen Bundesländer zunächst einen konservativen Rückschritt mit sich, wohingegen die alten Bundesländer von gleichstellungspolitischen Errungenschaften der DDR profitieren konnten. Entscheidend für die Entwicklung in den 2000er Jahren war die vorangegangene Grundgesetzergänzung, mit der der Staat für die Durchsetzung der Gleichberechtigung von Frauen und Männern explizit verantwortlich wurde und entsprechende Gesetze erlassen werden konnten.

Kapitel 3 greift die gleichstellungsrelevanten Bereiche aus dem historischen Kapitel auf und fragt nach dem aktuellen Stand der gleichberechtigten politischen und öffentlichen Teilhabe. Dabei wird der Leitfrage nachgegangen, wie sich nach dem unermüdlichen Einsatz für formale Gleichberechtigung die tatsächliche Teilhabe von Frauen in der Bildung und der Erwerbsarbeit, bei Haushalt, Kinderbetreuung und Pflege sowie bei politischen Führungspositionen darstellt. Anhand von aktuellem Zahlenmaterial diskutieren wir, wie ausgeprägt die Ungleichverteilung und damit die unterschiedliche gesellschaftliche Teilhabe von Männern und Frauen heute ist, und was unternommen wird, um dem entgegenzuwirken.

In *Kapitel 4* diskutieren wir aktuelle Herausforderungen für die Gleichberechtigung im 21. Jahrhundert. Dies sind erstens die ungleiche Verteilung von Care-Work, zweitens vergeschlechtlichte Gewalt und drittens die Gleichberechtigung aller Geschlechter und sexuellen Orientierungen. Insbesondere letzteres Thema zeigt, dass Gleichberechtigung für alle bedeutet, der Vielfalt innerhalb und zwischen den Geschlechtern gerecht zu werden und Minderheiten vor Diskriminierung und Gewalt zu schützen. Das Kapitel endet mit einer kurzen Diskussion der neuesten besorgniserregenden Entwicklungen: Antifeminismus als Teil rechtspopulistischer Politik und damit zusammenhängend das Wiedererstarken des patriarchalen, heteronormativen Familienbildes, das einen offenen Lebensentwurf für alle verhindert, die reproduktiven Rechte von Frauen abschafft und Diskriminierungen von LGBTIQ+-Personen erneut legitimiert. Ein kurzes Fazit schließt das Buch ab.

Hinweise zur Sprachverwendung und zur Perspektive des Buches

Artikel 3 des Grundgesetzes spricht von der Gleichberechtigung von ›Männern‹ und ›Frauen‹. Wir verwenden diese Bezeichnungen ebenfalls und meinen damit die mit diesen Begriffen verbundenen sozialen Rollen, die Folgen für die Biografien und Teilhabemöglichkeiten haben. Historisch zielte der Einsatz für die Gleichberechtigung der Geschlechter darauf ab, dass die Gruppe der Frauen die gleichen formalen Rechte und Zugangsmöglichkeiten wie Gruppe der Männer hat. Heutzutage muss der Blick jedoch in mehrfacher

1 Einleitung

Hinsicht so geweitet werden, dass Gleichberechtigung der Geschlechter alle geschlechtsbezogenen Identitäten und Zugehörigkeiten einbezieht. Daher stehen der Gleichberechtigung auch diejenigen Gesetze oder Praktiken einer Gesellschaft entgegen, die beispielsweise homosexuelle Personen diskriminieren oder intersexuelle Kinder zwangsweise einem Geschlecht zuordnen.

Wir greifen diese erweiterte Perspektive in diesem Buch zum einen inhaltlich auf und zum anderen machen wir sie sprachlich durch die Verwendung des Asterisks deutlich, der als ›Sternchen‹ bei Personenbezeichnungen, bspw. ›Bürger*innen‹, die Vielfalt der Geschlechter symbolisiert.

Gleichzeitig ist es wesentlich, auch diejenigen gesellschaftlichen Zugehörigkeiten mit aufzugreifen, die im Zusammenhang mit Geschlechtsaspekten auf besondere Weise Teilhabemöglichkeiten mitbestimmen. Beispielsweise spielen sozioökonomische Hintergründe oder Migrationserfahrungen bei Frauen und Männern eine wesentliche Rolle bei der gesellschaftlichen Chancenverteilung. Wir beziehen daher, wo möglich, die sich daraus ergebenden unterschiedlichen Lebenslagen und Herausforderungen mit ein.

Ebenfalls reicht es nicht aus, nur Deutschland zu betrachten, sondern es gilt, auch transnationale Verknüpfungen zu sehen. Damit können wir sowohl globale Vernetzungen in den Blick nehmen, die z. B. antifeministische Bewegungen bestimmen, als auch den Tatbestand behandeln, dass neuere Entwicklungen bei der Verteilung der Care-Arbeit in Deutschland Folgen haben für Frauen aus anderen Ländern. Wir legen daher in diesem Buch zwar den Schwerpunkt auf Deutschland, beziehen aber auch andere Länder mit ein, insbesondere europäische Länder sowie die USA.

2

»Lieber fliegen als kriechen«[2] – Der Kampf um Gleichberechtigung in den letzten 200 Jahren

Der Kampf um die Gleichberechtigung der Geschlechter beginnt nicht erst mit der Französischen Revolution Ende des 18. Jahrhunderts, aber nimmt durch die Einbettung in die moderne europäische Demokratieentwicklung zu dieser Zeit einen bis dahin nicht dagewesenen Schwung auf. Diese Umbruchsphase bildet daher den Auftakt unserer historischen Betrachtung.

---

2 »Wir wollen lieber fliegen als kriechen.« – Ein Zitat der Frauenrechtlerin Louise Otto-Peters (1819–1895).

2.1 Freiheit – Gleichheit – Schwesterlichkeit? Die Situation in Europa und Deutschland um 1800

Mit der Französischen Revolution im Jahr 1789 beginnt ein neues Kapitel der europäischen Geschichte. Die Revolution markiert den Übergang von der ständischen zur modernen Gesellschaft. Für die Beschäftigung mit der Geschichte der Gleichberechtigung der Geschlechter findet sich hier zudem ein entscheidender Ausgangspunkt. Denn rund um die Jahrhundertwende werden viele Debatten um Gleichheit oder Unterschiedlichkeit der Geschlechter geführt. Sind Männer und Frauen prinzipiell gleich und haben sie damit die gleichen Rechte und Pflichten? Oder unterscheiden sie sich biologisch, psychisch und in ihrem Verhalten so sehr, dass z.B. eine Männer- und eine Frauenbildung gerechtfertigt ist?

Geschlechterverhältnisse in der ständischen Gesellschaft

In der ständischen Gesellschaft des europäischen Mittelalters und der Frühen Neuzeit wird der Platz jedes Menschen durch den Bezug auf eine ›gottgewollte Ordnung‹ bestimmt. Das Verhältnis zwischen den Ständen und den Geschlechtern wird über die christliche Glaubenslehre organisiert. So ist es Teil des religiösen Verständnisses, dass der Ehemann eine rechtliche und soziale Vorrangstellung gegenüber seiner Ehefrau besitzt, also z.B. über ihr Vermögen bestimmten darf.

Auch sozial sind die Menschen anders eingebunden als in der Moderne. Das Konzept des Individuums als eigenständiges, sich entfaltendes und über sich selbst bestimmendes Subjekt gibt es noch nicht. Vielmehr bestimmen der Stand und das Geschlecht über die gesellschaftliche Position. Die Stände wiederum stehen in einem Schutz- und Herrschaftsverhältnis zueinander.

Frau- und Mannsein bestimmt sich durch die Rollen, die eine Person jeweils ausübt. So findet sich in einem Lexikon von 1735

2.1 Freiheit – Gleichheit – Schwesterlichkeit?

die kurze Definition: »Frau oder Weib ist eine verehelichte Person, so ihres Mannes Willen und Befehl unterworfen, die Haushaltung führet, und in selbiger ihrem Gesinde vorgesetzt ist ...« (zit. nach Hausen 1976: 370). Charaktereigenschaften als Beschreibungen von Weiblichkeit und Männlichkeit findet man hier keine.

In den Bauern- und Handwerkerfamilien dieser Zeit leben Vater, Mutter und Kinder sowie die Hausangestellten, das ›Gesinde‹, alle zusammen; das ›ganze Haus‹ als dominante Lebensform umfasst Leben und Arbeiten unter einem Dach. Hausvater und Hausmutter bilden den Vorstand des Hauses, mit klar zugesprochenen Verpflichtungen und Aufgaben. Frauen sind der Vorherrschaft des Mannes unterworfen, bestimmen allerdings wiederum über die Angestellten, die mit zur Familie zählen.

Das Jahrhundert der Aufklärung

Was sind die Veränderungen, die das ›Jahrhundert der Aufklärung‹ ausmachen und in der Französischen Revolution ihren Höhepunkt finden?

Das 18. Jahrhundert revolutioniert den Blick auf den Menschen. In dieser Zeit verändern sich die Koordinaten, innerhalb derer über die Rechte und die Erziehung und Bildung von Menschen nachgedacht wird. Anstelle der religiös begründeten Vormachtstellung des (Ehe-)Mannes über seine Frau werden nun natur- und vertragsrechtliche Begründungen diskutiert.

Philosophisch, medizinisch und theologisch werden die Unterschiede zwischen Männern und Frauen immer wichtiger. Im Mittelpunkt steht die Verbindung von Biologie und Charaktereigenschaften der Geschlechter. Mit ›Geschlechtscharakteren‹ wurden Charaktereigenschaften von Männern und Frauen bezeichnet, die sich vermeintlich aus der unterschiedlichen Biologie ergeben (Hausen 1976). Daraus abgeleitet gilt für Frauen insbesondere, dass ihre Fähigkeit, Kinder zu bekommen, ihren Charakter und ihre Aufgaben bestimmen. In dieser Zeit entstehen viele der Stereotype, die auch heute immer noch wirksam sind. So gelten Frauen in dieser Zeit als einerseits anschmiegsam, lieblich und fürsorglich, zugleich aber als emotional instabil, durch ihre Natur bestimmt. Männer hingegen seien willensstark und führend, rational und klar denkend. Die führenden Philosophen dieser Zeit unterstützen diese Positionen. So entwickelt z. B. Jean-Jaques Rousseau in seinem Erziehungsroman *Emile* die ideale Erziehung eines Jungen. Emile stellt er Sophie an die Seite. Sophies ganze Erziehung ist auf Emile ausgerichtet, sie soll ihm gefallen und ihn zugleich ergänzen.

Unterstützt wird diese anthropologische Bestimmung, d. h. aus der Natur der Frau und des Mannes heraus abgeleiteten Geschlechterverhältnisse, durch die rasante Entwicklung der Gesellschaft. Anstelle des ›ganzen Hauses‹, d. h. der in der ständischen Gesellschaft vereinten Form der (Erwerbs-)Arbeit und des Privatlebens unter einem Dach, tritt eine stärkere Trennung von Öffentlichkeit und Privatheit. Der (Ehe-)Mann bewegt sich in der öffentlichen Sphäre, in der Erwerbsarbeit und der Politik. Die (Ehe-)Frau wiederum ist für die private Sphäre zuständig, als Ehefrau und Mutter. Dies gilt allerdings insbesondere für die bürgerlichen Schichten. Für die unteren Schichten gelten die Prinzipien der Geschlechtertrennung in der Form nicht; hier ist es weiterhin rein ökonomisch notwendig, dass alle arbeiten.

Die zunehmende Trennung der Geschlechter in der bürgerlichen Schicht bedeutet auch, dass die neu entstehenden Rechte für Bürger nicht für Frauen gelten. Frauen sind keine Rechtssubjekte in diesem Sinne. Sie benötigen daher einen männlichen Vormund – Vater, Bruder oder Ehemann –, der ihr Vermögen verwaltet und sie in rechtlichen Angelegenheiten vertritt.

1791: Die Erklärung der Frauenrechte

Diese Positionen sind durchaus nicht unumstritten, sondern Teil der gesellschaftlichen Debatten. Frauen demonstrieren während der Französischen Revolution, sie führen den Marsch auf Versailles (1789) an und ergreifen auch in den politischen Debatten

2.1 Freiheit – Gleichheit – Schwesterlichkeit?

das Wort. Ob Frauen Bürgerinnen seien und ihnen die gleichen aktiven Rechte zuständen, d. h. ob sie sich politisch betätigen dürften und ob sie also tatsächlich gleiche Menschen wie Männer seien, wird intensiv diskutiert. Nicht nur von Frauen. So verfasst der Marquis de Condorcet 1790 den Beitrag *Über die Zulassung der Frauen zum Bürgerrecht*, in welchem er gleiche Bürgerrechte für beide Geschlechter fordert (Bock 2005: 65).

> **Die ersten vier Paragrafen der »Erklärung der Rechte der Frau und Bürgerin«**
>
> I. Die Frau ist frei geboren und bleibt dem Manne gleich an Rechten. Soziale Unterschiede können nur auf den gemeinen Nutzen gegründet sein.
>
> II. Der Endzweck jeder politischen Vereinigung ist die Erhaltung der natürlichen und unveräusserlichen Rechte der Frau und des Mannes. Diese Rechte sind Freiheit, Eigentum, Sicherheit und vor allem Widerstand gegen Unterdrückung.
>
> III. Der Ursprung jeder Souveränität ruht seinem Wesen nach in der Nation, die nichts anderes ist als die Vereinigung von Mann und Frau: keine Körperschaft, kein Individuum kann eine Autorität ausüben, die nicht ausdrücklich von ihr ausgeht.
>
> IV. Freiheit und Gerechtigkeit bestehen darin, alles zurückzugeben, was einem anderen gehört; die Ausübung der natürlichen Rechte der Frau hat mithin keine Grenzen außer in der ständigen Tyrannei, die der Mann ihr entgegensetzt. Diese Grenzen müssen durch die Gesetze der Natur und der Vernunft reformiert werden.[3]

Visionär zeigt sich dies insbesondere in der *Erklärung der Rechte der Frau und Bürgerin*, die Olympe de Gouges 1791 veröffentlicht.

---

3 Zit. nach Bock 2009.

Denn die am 26. August 1789 in Frankreich verkündeten Menschen- und Bürgerrechte beziehen sich nur auf den männlichen Teil der Gesellschaft. Ihnen wird darin Gleichheit vor dem Gesetz, der gleiche Zugang zu allen Tätigkeiten und öffentlichen Ämtern und das Recht auf Eigentum eingeräumt. Frauen hingegen sind in diesem Dokument keine Bürgerinnen in diesem Sinne und daher von der Erklärung ausgeschlossen.

**Olympe de Gouges (1748–1793):
Verfasserin der Erklärung der Frauenrechte**

Olympe de Gouges entstammt einer kleinbürgerlichen Familie. 1748 geboren und im Süden Frankreichs aufwachsend, spricht sie das dort vorherrschende Okzitan. Sie ist funktionale Analphabetin, da Schreiben und Lesen den Mädchen der unteren Schichten kaum beigebracht wird. Sie wird gegen ihren Willen verheiratet. Nach dem Tod ihres Ehemannes zieht sie mit knapp 20 Jahren nach Paris. Dort führt Olympe de Gouges ein für die Zeit bemerkenswertes Leben.

Nach 17 Jahren Selbststudium und Kontakten zu Salons und literarischen Zirkeln, veröffentlicht sie in den 1780er Jahren Briefromane, utopische Werke sowie Theaterstücke für die Bühne, die nach zähen Verhandlungen auch aufgeführt werden. Zentrales Thema ihrer Arbeiten ist die soziale und politische

2.1 Freiheit – Gleichheit – Schwesterlichkeit?

Ungerechtigkeit. Sie kritisiert z. B. die Sklaverei oder die Schutzlosigkeit der sogenannten ›Bastard-Kinder‹, die keinerlei Rechte besitzen und deren Mütter völlig vom Gutdünken der in der Regel privilegierten und reichen Väter abhängig sind. Und nicht zuletzt ist sie Feministin mit einer weitreichenden Vision von Gleichberechtigung. So formuliert sie 1792 in ihrem utopischen Roman *Der philosophische Prinz*: »Frauen sind gleich mit Männern, wenn sie es in bürgerrechtlicher und politischer Hinsicht sind und wenn sie die gleiche Erziehung genossen haben« (zit. nach Schröder 2018).

Auch in ihrer *Erklärung der Rechte der Frau und Bürgerin* von 1791 fordert sie nicht weniger als die rechtliche und gesellschaftliche Gleichheit für Männer und Frauen. Auch Frauen, so de Gouges, seien »Teil der menschlichen Gattung« (zit. nach ebd.) und die geforderten bürgerlichen Rechte auf Freiheit, Gleichheit, Eigentum, Arbeit und Teilnahme müssen demnach auch für Frauen gelten.

Diese Erklärung schickt Olympe de Gouges an Königin Marie Antoinette, ebenso wie die Erklärung der Männerrechte an König Ludwig XVI. geschickt wurde. Eine Antwort erhält sie nicht. Jedoch überlebt Olympe de Gouges ihre Veröffentlichung der Frauenrechte nur wenige Jahre. Sie wird nach Folter und einem Schauprozess zum Tode verurteilt und am 1. November 1793 hingerichtet.

Rechtliche Ungleichbehandlung als Folge der unterschiedlichen ›Natur‹ von Männern und Frauen

Die Gleichberechtigung der Menschen bildet sich wesentlich in den ihnen zugestandenen bzw. von ihnen erstrittenen Rechten ab. Ohne die rechtliche Verankerung in formalen Gesetzbüchern bleiben Rechte und Chancen unverbindlich, es gibt keine Möglichkeit, diese tatsächlich einzuklagen. In dieser Hinsicht stellen sich die Folgen der Französischen Revolution widersprüchlich dar, wie Gisela Bock in ihrer Monografie *Frauen in der europäischen Geschichte* (2005) ausführt. In Frankreich wird Frauen das aktive Bürgerinnenrecht, und damit die Möglichkeit der politischen Partizipation, verwehrt. Sie bleiben Bürgerinnen zweiter Klasse, gemeinsam mit Kindern, Ausländern und Dienstboten (ebd.: 67). Vertragsrechtlich fließen die Folgen der Französischen Revolution im *Code Civil*, dem Bürgerlichen Gesetzbuch Napoleons, ein sowie auch in das allgemeine *Preußische Landrecht* und das österreichische allgemeine *Bürgerliche Gesetzbuch*. Alle drei Gesetzesbücher basieren auf dem Unterschied zwischen den Geschlechtern und den daraus entstehenden unterschiedlichen Rechten und Pflichten. So begründet Jean-Etienne-Marie Portalis, Mitbegründer des *Code Civil*, die unterschiedliche Behandlung von Männern und Frauen wie folgt: »Die Natur hat sie nur deshalb so verschieden gemacht, um sie zu vereinen. Aus diesem Unterschied, der in ihrem Wesen liegt, ergeben sich ihre jeweiligen Rechte und Pflichten« (zit. nach Bock 2005: 94). Zwar seien demnach die angeborenen Rechte der Geschlechter gleich, jedoch werden zur Begründung der Ungleichheit die Geschlechtscharaktere herbeigezogen, die Frauen und Männer zu unterschiedlichen Positionen und Verhaltensweisen befähigen. Die ›Natur‹ des Mannes wird mit Vernunft gleichgesetzt, so dass der Ehemann das Haupt der Familie bleibt. Er kann über das Vermögen der Ehefrau und über den Wohnort bestimmen. Der weibliche Ehebruch wird in Frankreich stärker bestraft als der männliche. Erbrechtlich immerhin aber bringt die Französische Revolution einige Verbesserungen: Mädchen und Jungen werden gleichgestellt. Zudem verbessert sich in Frankreich die Rechtsstellung nichtehelicher Kinder. Die Scheidung, eine der zentralen Errungenschaften des Vertragsrechts, wird unterschiedlich gehandhabt. In Preußen ist sie prinzipiell allen erlaubt. Allerdings werden Mitte des 19. Jahrhunderts die Kosten für eine Scheidung erhöht, so dass insbesondere die niederen Schichten sie sich schlicht nicht leisten können. Die Rechtsstellung nichtehelicher Kinder verbessert sich nicht, und auch deren Mütter bleiben erheblich benachteiligt.

2.1 Freiheit – Gleichheit – Schwesterlichkeit?

Die Bildungssituation von Frauen im 18. Jahrhundert

Über die Bildung von Frauen werden im 18. Jahrhundert die gleichen Debatten geführt wie um ihre Rechtsstellung. Sind Frauen genauso Menschen wie Männer und haben daher Zugang zur gleichen Bildung oder benötigen sie aufgrund ihrer besonderen Natur eine besondere Bildung? Auch hier werden Grundlagen gelegt, die bis ins 20. Jahrhundert hinein die Sonderstellung und Benachteiligung von Frauen festigen.

Zwar führt Preußen schon 1763 die allgemeine Schulpflicht ein, sie stellt aber bis in die Mitte des nächsten Jahrhunderts eher eine Absichtserklärung dar. Nach Volkmar Wittmütz (2007) lässt sich erst in den 1880er Jahren von einem flächendeckenden Schulbesuch sprechen. Die unteren Volksschulen werden von Mädchen und Jungen besucht, die höhere Bildung aber – wie sie z. B. im *Entwurf eines allgemeinen Gesetzes über die Verfassung des Schulwesens im preußischen Staate* (1819) entwickelt wird – ist Jungen aus den höheren Schichten vorbehalten. Bürgerlichen Mädchen steht die ›höhere Mädchenbildung‹ zur Verfügung. Diese orientiert sich an der Dreifachbestimmung der Frau als Hausfrau, Ehefrau und Mutter. Kenntnisse in den modernen Sprachen werden ebenso vermittelt wie Hauswirtschaftslehre und Grundrechenarten.

Der Besuch dieser Schulen aber führt zu keinem Abschluss, d. h. die Mädchen dürfen keine Gymnasien oder universitätsvorbereitende Klassen besuchen. Ausgebildet werden die Mädchen vielmehr für ihren ›Beruf‹ als Ehefrau. Dies steht im starken Kontrast zu dem sich entwickelnden allgemeinbildenden Schulsystem für bürgerliche Jungen, die mit dem Universitätsbesuch vielfältige Möglichkeiten der Lebensgestaltung haben. Zwar gibt es vereinzelt Frauen, die die Universität besuchten und auch promovieren. So schließt Dorothea Christiane Erxleben (1715–1762) als erste Ärztin in Deutschland mit dem Thema *Academische Abhandlung von der gar zu geschwinden und angenehmen, aber deswegen öfters unsichern Heilung der Krankheiten* 1754 ihre Promotion ab. Allgemeine Zulassungen zu Universitäten gibt es für Frauen aber nicht. Sie benötigen

Genehmigungen für jede einzelne Vorlesung. Dorothea Erxleben wird lange Zeit gemeinsam mit ihrem Bruder unterrichtet, erst nach einer Intervention von Friedrich dem Großen darf sie ohne ihn Vorlesungen an der Universität Halle besuchen.

Für die unteren Schichten gibt es kaum Möglichkeiten der Bildung. Mädchen und Jungen werden in den entstehenden Fabriken eingesetzt bzw. arbeiten als Dienstboten für die höheren Schichten. Hier dauert es noch bis 1922, bis mit der verpflichtenden Grundschule zumindest ein Grundstock gemeinsamer Bildung durchgesetzt wird.

2.2 Die erste Frauenbewegung: Gleiche Bildungschancen, bessere Arbeitsbedingungen und das zähe Ringen um das Frauenwahlrecht

Der internationale Demokratisierungsprozess, der in Frankreich des 18. Jahrhunderts seinen Ausgang nimmt und sich über ganz Europa verbreitet, ist also von Beginn an insofern unvollkommen, als er Frauen aus der politischen Partizipation und der Bildung ausschließt.

Das folgende 19. Jahrhundert ist geprägt von rasanten gesellschaftlichen, wirtschaftlichen und politischen Entwicklungen: die Industrialisierung und der damit einhergehende zunehmende Bedarf an Arbeitskräften, die Revolution von 1848, die Entwicklung von Bürgerrechten und das zunehmende öffentliche Interesse an Bildung und Ausbildung der nachfolgenden Generationen. All dies hat auch Auswirkungen auf das Geschlechterverhältnis.

Die Diskussionen um die Beteiligung von Frauen am öffentlichen Leben, um Bildungsmöglichkeiten für Frauen und um deren Natur, setzen sich im 19. Jahrhundert weiter fort. Auch rücken Bildung und Erwerbstätigkeit als Emanzipationsmotor und als Vor-

2.2 Die erste Frauenbewegung

aussetzung für aktive Bürgerinnenschaft zunehmend in den Fokus. Dennoch dauert der Kampf um gleiche politische Rechte und insbesondere um das allgemeine Wahlrecht für alle Männer und Frauen in Deutschland noch bis ins 20. Jahrhundert an.

Zwei Pionierinnen der ›Frauenfrage‹:
Betty Gleim und Florence Nightingale

Bevor sich Frauen in Deutschland und anderen Ländern im Rahmen einer großen Bewegung zusammenschließen und national und international ihre politischen Interessen und Forderungen bündeln, treten bereits vielerorts Einzelkämpferinnen für die Verbesserung der sozialen Stellung von Frauen ein und hinterlassen Spuren, die lange wirken. Zwei Pionierinnen dieser Zeit sind Betty Gleim und Florence Nightingale.

Betty Gleim (1781–1827):
Allgemeinbildung für Frauen und Männer

Geboren 1781 in Bremen als Tochter eines Kaufmanns, wird Betty Gleim wie eine typische Vertreterin der höheren Stände erzogen. Wiltrud Drechsel (2001) zeigt in der biographischen Beschäftigung mit Betty Gleim, wie sich deren Idee von Bildung entwickeln konnte. Gleim hat Zugang zur Literatur und anregenden Gesprächen, reist viel und kann sich intensiv selbst bilden. Aus dieser eigenen Beschäftigung und Selbstbildung heraus entsteht 1810 ihre Bildungstheorie, die sich deutlich von der geschlechtsspezifischen Einengung – wie bei Rousseaus Erziehungsvorstellungen im *Emile* – abgrenzt. Im Unterschied zu Rousseaus geschlechtsspezifischer Bildung für Frauen, die in allem auf den Mann ausgerichtet sein sollte, entwarf Gleim einen deutlich umfassenderen Bildungsbegriff. Dieser bezog sich auf Männer und Frauen gleichermaßen. Bildung sei Selbstbildung und Identitätsentwicklung. Die Entwicklung des Individuums sei zugleich die Entwicklung der Menschheit. Ihr geht es dabei um eine umfassende schulische Entwicklung im Sinne des heutigen Begriffs der ›Allgemeinbildung‹. Gleim widerspricht damit dem damals vorherrschenden Verständnis davon, was Bildung für Frauen bedeutet, nämlich berufliche Bildung und Bildung zur spezifischen Bestimmung, und eben nicht Bildung zur Offenheit.

Gleims Position zur Erwerbsarbeit ist hingegen eher als pragmatisch einzustufen. Sie sieht in Erwerbsarbeit nicht primär ein emanzipatorisches Werkzeug, um selbstbestimmt leben zu können. Vielmehr solle sie allen Frauen, ob verheiratet oder (noch) nicht, als Absicherung ›für alle Fälle‹ dienen, damit sie nicht in eine Zwangslage oder eine ungewollte Abhängigkeit von Verwandten geraten. Auch hinsichtlich der Berufswahl bewegt sich Gleim in dem realpolitischen Rahmen, den kurze Zeit später der bürgerliche Zweig der ersten Frauenbewegung nutzt. Sie empfiehlt den Frauen die Berufe, die gut mit dem ›Geschlechtscharakter‹ in Einklang zu bringen sind – Erzieherin, Lehrerin, Krankenwärterin. Damit verbunden ist aber – auch hier wird sie als zentrale Protagonistin der Frauenbewegung sichtbar – eine Professionalisierung dieser Berufe, beispielsweise die Einrichtung von staatlichen Seminaren zur Lehrerinnenausbildung.

Betty Gleim steht für die emanzipatorische Bedeutung, die Schulbildung im Gegensatz zur privaten Bildung für die Befreiung von

Mädchen und Frauen hat. So verfasst sie eine auf umfassende Entwicklung ausgerichtete Bildungstheorie für Frauen und Männer und gründet 1806 eine der ersten höheren Töchterschulen in Bremen. In dieser wird – unüblich für die damalige Zeit – Unterricht in naturwissenschaftlichen und mathematischen Fächern erteilt, inklusive praktischer Tätigkeiten in Werkstätten. Gleim tritt für eine pragmatische Erwerbstätigkeit von Frauen in bestimmten Berufsfeldern und bessere Ausbildungsstandards in diesen ein.

Florence Nightingale (1820–1910): Die Professionalisierung der Krankenpflege

Florence Nightingale entstammt einer bürgerlichen, liberalen Familie und wird insbesondere von ihrem Vater unterrichtet (für dies und das Folgende vgl. Horsley 2019). Früh entscheidet sie sich für die Krankenpflege, gegen den Rat und den Wunsch der Eltern. Dies ist durchaus auch einer solidarischen Haltung geschuldet, da sie ihre privilegierte Position mit einer Verantwortung gegenüber weniger gut gestellten Schichten verbindet.

Im Krimkrieg reist Florence Nightingale 1854 mit zunächst 38 Krankenschwestern in die Militär-Lazarette des Kampfgebiets in der heutigen Türkei und organisiert dort den bis dahin mangelhaften Krankenhausbetrieb neu, einschließlich entsprechender Hygienekonzepte.

2 »Lieber fliegen als kriechen«

> Nach der Rückkehr aus dem Krimkrieg gesundheitlich geschwächt, entwickelt Nightingale Konzepte und Modelle für den Krankenhausbetrieb, aber auch für die Professionalisierung der Pflegeausbildung. Die Frauen, die in Schwesterwohnheimen als Pflegerinnen ausgebildet werden, erhalten zusätzlich Schulunterricht, auch um die schichtbedingten Bildungsnachteile auszugleichen. Die »Nightingale School of Nursing« wird zum (inter-)nationalen Standard für die Pflegeausbildung. Die dort ausgebildeten weiblichen Pflegekräfte übernehmen in den Folgejahren die Pflegeleitung großer Krankenhäuser in London und der Umgebung und etablieren weitere Pflegestandards.
>
> Als Pionierin auf dem Gebiet der Statistik, deren Anwendung auf die Epidemiologie Grundlage ihrer Reformen war, wurde sie 1858 als erste Frau Mitglied der »Royal Statistical Society«.

Für Qualitätssteigerungen bei für Frauen bereits zugänglichen Berufen kämpft in dieser Zeit auch die aus England stammende Florence Nightingale. In England stecken die institutionelle Krankenpflege und die Krankenhäuser Mitte des 19. Jahrhunderts noch in den Kinderschuhen. Wer es sich leisten kann, pflegt seine Angehörigen zu Hause, denn in den Krankenhäusern verrichten kaum ausgebildete und unterbezahlte Krankenschwestern den Dienst mehr schlecht als recht. International bekannt wird Nightingale durch ihre – auch planerisch und organisatorisch starke – Arbeit als Krankenschwester während des Krimkrieges (1853–1856). Die auf ihren Konzepten beruhenden Standards für Pflege und Pflegeausbildung werden wichtiger Teil der Professionalisierung und systematischen Ausbildung weiblicher Erwerbstätiger.

Die erste Frauenbewegung

Die erste Frauenbewegung entsteht aus dem bewussten Anspruch der Frauen, ihre Rechte zu erreichen. Und dies wird zunehmend notwendig. Die Unterschiede in der Mädchen- und Jungenbildung

2.2 Die erste Frauenbewegung

können nicht mehr ignoriert werden: Jungen werden für eine spätere Berufstätigkeit und – insbesondere die bürgerlichen Jungen – für Karrieren als Beamte ausgebildet, der Zugang zur Universität steht exklusiv Jungen offen. Für Mädchen hingegen gibt es im Prinzip nur zwei Möglichkeiten: Proletarische Mädchen arbeiten nach der Grundbildung der Volksschule in Fabriken oder als Hausmädchen. Bürgerliche Mädchen werden für die Ehe vorbereitet, erhalten keine richtige Ausbildung und können kein eigenständiges Leben gestalten. Falls sich eine Ehe nicht (schnell genug) realisiert, sind die jungen Frauen gezwungen, bei Verwandten unterzukommen oder sich als Gouvernanten, also als Erzieherinnen und Hauslehrerinnen, zu versuchen. Für die Frauen der Arbeiterschicht herrschen harte Arbeitsbedingungen in den Fabriken, Bildungsaufstiege sind kaum möglich. Die breite Masse der Frauen hat keine Einflussmöglichkeiten, daran etwas zu ändern.

Die Bestrebungen nach gleichen Rechten für Frauen in Deutschland kommen in der ersten deutschen Frauenbewegung zusammen, deren Beginn Mitte des 19. Jahrhunderts einen Meilenstein der Gleichberechtigung darstellt. Auch diese Bewegung ist verflochten mit inter- und transnationalen Kämpfen, deren zeitliche Verläufe jedoch unterschiedlich sind. Beispielsweise wird Frauen bereits 1902 in Australien und 1906 in Finnland als erstes europäisches Land das allgemeine Wahlrecht zugesprochen, während es in Deutschland noch bis 1918 dauert.

Die deutsche Frauenbewegung ist keine einheitliche Organisation, sondern in verschiedene Interessensgruppen und politische Kontexte eingebunden. Zwei wichtige Gruppen sind die bürgerliche und die proletarische Frauenbewegung.

Bürgerliche Frauenbewegung

Ausgangspunkt der bürgerlichen Frauenbewegung ist die Organisation von Interessensgruppen in Vereinen und Verbänden. 1865 gründen Luise Otto-Peters und Auguste Schmidt den »Allgemeinen Deutschen Frauenverein« (ADF). Und schon 1847 forderte Otto-Pe-

2 »Lieber fliegen als kriechen«

ters die politische Partizipation von Frauen – und zwar als ihre staatsbürgerliche Pflicht:

»Selbstständig müssen die deutschen Frauen werden, nur dann werden sie auch fähig sein, ihrer Pflicht, teilzunehmen an den Interessen des Staates, immer und auf die rechte Weise nachzukommen. Diese Selbstständigkeit kann nur durch individuelle Bildung befördert werden, denn nur ein selbstständiges Herz führt zu selbstständiger Bildung.« (zit. nach Nave-Herz 1997: 7)

Entsprechend richten sich die Ziele der bürgerlichen Frauenbewegung auch vorrangig auf die Verbesserung der Bildungswege für Mädchen. Helene Lange ist eine der zentralen Protagonistinnen der bürgerlichen Frauenbewegung. Sie steht hierbei stellvertretend für das Interesse der Bewegung, traditionelle Geschlechterrollen mit der Berufstätigkeit von Frauen zu vereinbaren. Sie selbst erwirbt gegen den Willen und ohne Unterstützung ihres Vormunds das Examen für Lehrerinnen und arbeitet sich bis zur Leiterin eines Lehrerinnenseminars in Berlin hoch. Zudem gründet sie unter anderem 1890 den »Allgemeinen Deutschen Lehrerinnenverein« (ADLV) und entwickelt universitätsvorbereitende Kurse für Frauen, insbesondere für die Schweiz, da sich hier Frauen schon seit den 1860er Jahren immatrikulieren dürfen.

Helene Lange (1884–1930):
Die Bestimmung der (berufstätigen) Frau

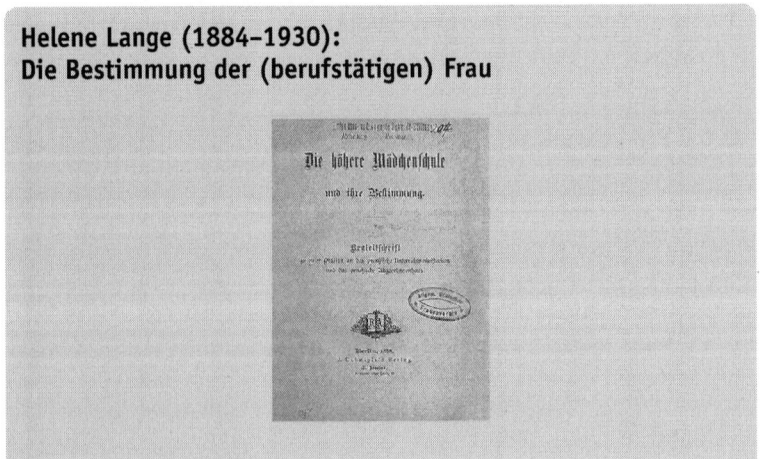

2.2 Die erste Frauenbewegung

> In der Petition *Die höhere Mädchenschule und ihre Bestimmung* (1887), auch »Gelbe Broschüre« genannt, entwerfen Helene Lange und ihre Mitstreiterinnen das Konzept der ›geistigen Mütterlichkeit‹: Frauen und Männer seien qua Natur – hier ist sie ganz bei der vorherrschenden Argumentation – unterschiedlich. Das Wesen der Frau sei durch die Mütterlichkeit bestimmt. Zugleich aber seien Männer und Frauen körperlich und geistig sehr ähnlich, Unterschiede fänden sich vielmehr hinsichtlich ihrer unterschiedlichen Interessen und damit ihrer ›geistigen Ausrichtung‹. Es brauche daher keine mechanische Arbeitsteilung, also keine Trennung in männliche und weibliche Bereiche. Vielmehr könnten Frauen an allen kulturellen Bereichen partizipieren, aber jeweils ihrer Bestimmung nach. Als Ziel formuliert Lange, dass Frauen und Männer sich ergänzen sollten, wofür die gute Bildung der Frauen Voraussetzung ist.
>
> Die geschlechtsspezifische Bestimmung führe außerdem zu einer spezifisch weiblichen Form der Berufsausübung. Besonders der Lehrerinnenberuf biete sich für Frauen an, da sie in diesem Rahmen die nächste Generation von Frauen bilden können. Um dies aber auf ausreichend hohem Niveau tun zu können, so Lange, benötigen sie eine Gymnasial- und Universitätsbildung statt des bisherigen Systems der Seminarschulen. Lange zielt damit sowohl auf die Verbesserung der Bildung von Mädchen ab als auch auf die Sicherung der beruflichen Situation der Lehrerinnen.

Während der bürgerliche Arm der Frauenbewegung seinen Fokus also auf die Berufstätigkeit von bürgerlichen Frauen richtet und dabei größtenteils im Einklang mit herrschenden Geschlechternormen bleibt, stellt sich die Lebensrealität proletarischer Frauen und damit deren Kampf um Gleichberechtigung deutlich anders dar.

2 »Lieber fliegen als kriechen«

Proletarische Frauenbewegung

Gilt in der bürgerlichen Schicht die Norm der nichtarbeitenden Frau lange als erstrebenswert, haben proletarische Frauen diese Option gar nicht erst: Ihre Arbeit ist für die Familien überlebensnotwendig. Zugleich haben sie wenig Möglichkeiten, Lohnforderungen zu erheben, geschweige denn durchzusetzen. Ihre Lebensbedingungen sind erbärmlich. Auch die Versorgung und Erziehung der Kinder findet unter zum Teil katastrophalen Bedingungen statt. Für England sind Arbeitsbedingungen z. B. aus Manchester bekannt, die an heutige Sweatshops erinnern: Um das Existenzminimum zu erreichen, müssen Arbeiterinnen 12–14 Stunden am Tag arbeiten. Von sozialen Absicherungen wie Mutterschaftsurlaub ist man noch weit entfernt. Höchstens zwei Wochen können Mütter nach der Geburt der Fabrik fernbleiben, und die Versorgung der Babys muss älteren Geschwistern, Verwandten oder Nachbarn überlassen werden. Auch das Ruhigstellen der Kleinen mit Laudanum, einem verbreiteten Beruhigungsmittel, ist nicht ungewöhnlich. Die schon im 18. Jahrhundert entstandenen Findelhäuser werden in England und auch auf dem europäischen Festland stark genutzt. Aber anders als vielleicht angenommen, stecken dahinter keine dauerhaften Trennungsabsichten oder Ignoranz oder Vernachlässigung durch die Mütter. Vielmehr werden sie als Alternative zu den herrschenden familiären Bedingungen gesehen:

> »Die Mütter sind gegenwärtig der Meinung, dass ihr Kind im Findelhaus mindestens ebenso gut behandelt werden wird wie in ihrem dunklen Verschlag; sie haben die Sicherheit, es zurückholen zu können, wann immer sie wollen; sie haben die Hoffnung, das zu tun, wenn das Schicksal gnädig bleibt, und zu einem Zeitpunkt, zudem sie es sich finanziell leisten können.« (de Rochefort 1786, zit. nach Bock 2005: 139)

So ist es nicht verwunderlich, dass die proletarische Frauenbewegung eng mit der sozialistischen internationalen Bewegung verwoben ist, und insbesondere die ausbeuterischen Verhältnisse des Kapitalismus kritisiert. 1873 organisieren sich die beiden Bewegungen

2.2 Die erste Frauenbewegung

im »Berliner Arbeiterfrauen- und Mädchenverein«. Diese Art der Zusammenarbeit wird allerdings durch das Sozialistengesetz (1878) verboten, so dass die proletarische Frauenbewegung vorrangig über Netzwerke, basisdemokratische Konferenzen und innerhalb von Gewerkschaften aktiv ist.

Eine der bekanntesten Protagonistinnen der proletarischen Frauenbewegung ist Clara Zetkin. Sie rückt in ihrem politischen Handeln weniger die sozialen als die ökonomischen Ungleichheiten in den Fokus der Frauenfrage. Für Zetkin ist die Emanzipation der Frau weder über das Wahlrecht noch über freie Berufswahl zu erreichen. Nicht das Geschlechterverhältnis, sondern das Klassenverhältnis sei der ursächliche Treiber der Unterdrückung. Daher könne nur eine Befreiung der Arbeiterklasse zu Gleichberechtigung der Frauen führen.

Clara Zetkin (1857–1933):
Die Befreiung der Arbeiterinnen vom Kapitalismus

Clara Zetkin wird 1857 in Wiederau in Sachsen in einer politisch aktiven Familie geboren und ihre Mutter steht bereits mit der bürgerlichen Frauenbewegung in Kontakt. Sie besucht das Lehrerinnenseminar in Leipzig und nimmt an ADF-Diskutiernachmittagen teil.

> Zetkin tritt 1878 der Vorgängerpartei der SPD bei, nimmt am 1889 in Paris stattfindenden internationalen Arbeiterkongress teil und ist Gründerin und Herausgeberin der sozialdemokratischen Frauenzeitschrift *Die Gleichheit*. Die Gründung der sozialistischen Internationale findet wesentlich unter ihrer Beteiligung statt und 1910 schlägt sie vor, einen Internationalen Frauentag einzurichten. Ab 1919 bestimmt sie die Politik der Kommunistischen Partei Deutschlands (KPD) in hohem Maße mit und vertritt ihre Parte als Abgeordnete im Reichstag bis 1933 (Albrecht & Harders 2014; Gretter 2022).
>
> Als Vertreterin der proletarischen Frauenbewegung vertritt sie in der Frage der Gleichberechtigung der Frauen eine andere Position als die bürgerliche Frauenbewegung, die sie stark dafür kritisiert, die sogenannte Frauenfrage im Rahmen des herrschenden kapitalistischen Systems lösen zu wollen. Nach Zetkin werde die »Emanzipation der Frau wie die des ganzen Menschengeschlechts [...] ausschließlich das Werk der Emanzipation der Arbeit vom Kapital sein. Nur in der sozialistischen Gesellschaft werden die Frauen wie die Arbeiter in den Vollbesitz ihrer Rechte gelangen« (Zetkin 1890: 84). Eine sozialistische Revolution, die die Arbeiter*innen befreit, würde demnach auch die Gleichheit von Mann und Frau nach sich ziehen. Ohne diese Revolution aber sei die vollständige Frauenemanzipation nicht möglich.

Das Ringen um das allgemeine Wahlrecht für Männer und Frauen

Die Frage der politischen Partizipation von Frauen ist in den ersten Jahrzehnten der jungen Demokratien Europas nicht zu trennen von der Frage, welchen Männern das Wahlrecht zusteht. In allen europäischen Ländern ist das Wahlrecht zu Beginn in unterschiedlicher Weise an Bedingungen wie Eigentum oder Bildung geknüpft. Insofern dürfen lange Zeit auch nicht alle Männer wählen, sondern nur gebildete Männer der oberen Schichten. Bei den folgen-

2.2 Die erste Frauenbewegung

den Entwicklungen, die zunehmend das Wahlrecht für Männer ausweiten, wird das Frauenwahlrecht zunächst nicht nur nicht eingeführt, sondern sogar explizit ausgeschlossen: So führt Gisela Bock (2005) in ihrer detaillierten historischen Analyse der europäischen Politik aus, wie der Kampf für das Frauenwahlrecht phasenweise in einigen Ländern dazu führt, dass die vorher nicht geschlechtsbezogenen Wahlrechtsformulierungen geschlechtsspezifisch präzisiert werden und folglich explizit Männer statt aller Menschen benennen. Beispielsweise bringt Mary Smith 1832 im englischen Unterhaus eine Petition für das Frauenwahlrecht ein mit der Folge, dass Frauen auch formell vom aktiven, später auch vom passiven, Wahlrecht ausgeschlossen werden, da das Gesetz nun das Wahrrecht auf »male persons« beschränkt (zit. nach Bock 2005: 184).

In Deutschland fordert Luise Peters im Zuge der Revolution 1848 auch das Frauenwahlrecht, bleibt damit aber erfolglos. 1871 wird das aktive und passive Wahlrecht für den Reichstag für alle männlichen Bürger über 25 Jahre, »die im Besitz der bürgerlichen und politischen Ehrenrechte sind«, eingeführt. Daraufhin macht sich Hedwig Dohm 1876 für das Frauenwahlrecht stark mit der Begründung, »Menschenrechte haben kein Geschlecht« (zit. nach FMT/Bock 2021). Aber auch hier führt das frauenpolitische Engagement zunächst zum Gegenteil, denn um 1900 wird zwar das volle Wahlrecht eingeführt, aber explizit nur für Männer: Während die Männer der Frankfurter Nationalversammlung es 1849 noch abgelehnt hatten, Männlichkeit als eine Wahlrechtsbedingung zu formulieren, da sie dies für selbstverständlich hielten, ist die politische Situation Ende des 19. Jahrhunderts eine andere. angesichts der »Bestrebungen der neuern Zeit nach politischer Emancipation der Frauen« wird das explizite Erfordernis ›männliches Geschlecht‹ als Voraussetzung für das Wahlrecht festgeschrieben (zit. nach Bock 2005: 185).

Die Argumente für und gegen das Wahlrecht von Frauen betreffen dabei erneut das Verhältnis zwischen den Geschlechtern. Gegner*innen argumentierten, dass die Belange der Frauen durch ihre Ehemänner, Väter oder Brüder ebenso gut, wenn nicht besser, vertreten seien und diese die Frauen repräsentieren und für sie sprechen sollten. Auf einer solchen Argumentation beruhen auch Rechtsvorschriften dieser Zeit, in der z. B. Frauen durch einen männlichen Vertreter vor Gericht sprechen müssen. Die Befürworter*innen aber verweisen auf die zentrale Bedeutung der parlamentarischen Repräsentation. Demnach könne keine Gruppe für eine andere sprechen. So wenig, wie Angehörige des Unternehmertums für Arbeiter*innen sprechen könnten, könnten Männer für Frauen sprechen. Hierbei beziehen sich Helene Lange und Hedwig Dohm in Deutschland, Anna Maria Mozzoni in Italien oder Millicent Fawcett in England aber nicht auf eine naturgegebene Unterschiedlichkeit von Männern und Frauen, sondern vielmehr auf die andere soziale Situation der Frauen: Weil sie aufgrund ihrer Position in der Gesellschaft ihre eigenen Interessen haben, müssten sie diese auch vertreten dürfen. Verstärkt werden diese Argumentationen dabei durch die parallel stattfindenden Debatten um das unbeschränkte Wahlrecht für Männer, d. h. auch für Arbeiter und gering gebildete Männer.[4]

Soziale Absicherung für Mütter und erste institutionalisierte Kinderbetreuung

Frauen mussten also »gleichzeitig um zivile, politische und soziale Bürgerschaft kämpfen« (Bock 2005: 216). Denn neben der drängenden Frage der politischen Partizipation kommt Anfang des 20. Jahrhunderts das Thema der sozialstaatlichen Sicherung auf. Steht in dem sich entfaltenden Wohlfahrtsstaat für Männer das Verhältnis von Erwerbsarbeit und Freizeit zur Diskussion, geht es bei Frauen um das Verhältnis von Erwerbsarbeit und Familienarbeit. Thematisiert werden die geringeren Rentenzahlungen von Frauen im Verhältnis zu Männern, oder auch fehlende oder nicht ausreichende Armutsbekämpfung, z. B. bei nicht versicherten Witwen. Besonders

---

4 Die Klassenbeschränkungen werden dabei früher abgeschafft (in Deutschland bspw. 1867/71) als die Geschlechtergrenzen.

2.2 Die erste Frauenbewegung

im Fokus steht die Notwendigkeit des Mutterschutzes. In der Zeit um 1900 entsteht dazu eine transnationale Bewegung, die über Europa hinaus bis in die USA reicht. Diese fordert zweierlei: Zum einen eine tatsächliche Absicherung der Armutsrisiken, denen Frauen durch die Mutterschaft ausgesetzt sind; zum anderen soll Erziehung als produktive Arbeit auch sozial und finanziell anerkannt werden. Das Einkommensgefälle zwischen Männern und Frauen sei nicht zu rechtfertigen.

Im Übergang zum 20. Jahrhundert werden entsprechend Sicherungssysteme für erwerbstätige Mütter entwickelt: 1878 wird in Deutschland das erste Mal ein Arbeitsverbot von drei Wochen nach der Geburt eingeführt, dies allerdings erst unbezahlt; entsprechend gering ist die Nachfrage. Ab 1883 erhalten Frauen dann 50 % ihres Arbeitslohnes. 1891 wird der Mutterschaftsurlaub auf vier Wochen und Anfang des 20. Jahrhunderts auf acht Wochen verlängert und auch die Lohnersatzzahlung erhöht. Andere europäische Länder wie Frankreich entwickeln Kinderbeihilfen für bedürftige Großfamilien oder führen besondere Unterstützung für Beamte ein (Bock 2005: 231–238).

Es setzt sich in dieser Zeit die Überzeugung durch, dass Mutterschaft keine reine Privatangelegenheit sei, sondern auch im staatlichen (und wirtschaftlichen) Interessenfeld liege und damit rechtlich zu regeln sei, nicht zuletzt auch deshalb, weil zu Beginn des 20. Jahrhunderts die Geburtenzahlen sinken. Auch bei der Entwicklung außerfamiliärer Kleinkinderbetreuung im 19. Jahrhundert spielen verschiedenste Interessen jenseits von Frauenemanzipation eine Rolle: Auf der einen Seite sorgt sich insbesondere das konservative Bürgertum um die mangelnde Erziehungsleistung vor allem proletarischer Familien – sowohl aufgrund der Erwerbstätigkeit der Frauen, aber auch aufgrund fehlender erzieherischer Kompetenzen. Mit der Einrichtung von Ganztagskindergärten sollen zudem Mütter für die Arbeit in den Fabriken freigestellt werden und das Einkommen der Familie sichern. Auf der anderen Seite entstehen die Kindergärten von Friedrich Fröbel, in denen die Kinder bewusst nur stundenweise betreut werden und die sich mit ihrem expliziten Bildungsanspruch an das aufstrebende Bürgertum richten (Menz 2020).

**Mädchenbildung um die Jahrhundertwende:
Mehr Bildungsmöglichkeiten, aber längst keine Gleichberechtigung**

Einigkeit herrscht in der bürgerlichen Frauenbewegung in Deutschland in der großen Kritik an den geschlechtsspezifischen Bildungsinhalten. Bereits im Elementarbereich werden Mädchen und Jungen getrennt voneinander unterrichtet, um den unterschiedlichen Bildungszielen der Geschlechter zu entsprechen.

Der Ausbau der höheren Mädchenbildung bleibt auch nach der Gründung des Deutschen Reichs 1871 Aufgabe der Einzelstaaten. Entsprechend heterogen stellt sich die Schullandschaft dar. Einerseits entstehen Gymnasialkurse für Frauen, wie bei Helene Lange, häufig in privater Regie, die jungen Frauen die notwendigen Voraussetzungen vermitteln, um den Zutritt zur Universität zu erlangen. Zum anderen dürfen Lehrerinnen an den höheren Mädchenschulen nun auch naturwissenschaftliche Fächer unterrichten und moderne Fremdsprachen werden ebenfalls eingeführt. Noch Ende des 19. Jahrhunderts aber führen die höheren Mädchenschulen beispielsweise in Preußen nicht zum Abitur.

Die Wege an die Universitäten stehen Frauen dann endlich mit Beginn des 20. Jahrhunderts offen, wenn auch nicht überall zeitgleich: In Baden werden Frauen 1900 ohne Einschränkungen zum Studium zugelassen, in Württemberg 1904. Preußen, sonst Vorreiter in Bildungsfragen, ermöglicht dies erst 1908. Doch selbst dann bleiben wesentliche Forderungen der Frauenbewegung unerfüllt. So ist die berufliche Perspektive im Wesentlichen auf den Beruf der Lehrerin beschränkt, Zugänge in den mittleren Verwaltungsdienst z. B. bleiben Frauen verschlossen. Zudem wird die Zahl der Lehrerinnen auch an den höheren Mädchenschulen begrenzt, so dass auch hier männliche Lehrer bevorzugt und berufliche Chancen von Frauen verringert werden. Und auch die Zulassung zum Universitätsstudium steht zwar formal offen, dennoch können Frauen von einzelnen Vorlesungen ausgeschlossen werden.

Zu einer tatsächlichen Integration des Mädchenschulwesens in das Jungenschulwesen und einer sich daran anschließenden zunehmenden Zahl von Abiturientinnen und Studienanfängerinnen kommt es erst in der Weimarer Republik. Im Nationalsozialismus wird diese Entwicklung schnell wieder zurückgenommen.

> **Lesetipp: »Rebellische Frauen – Women in Battle«**
> Marta Breen als Autorin und Jenny Jordahl als Zeichnerin erzählen und zeichnen in dem Graphic Novel *Rebellische Frauen – Women in Battle. 150 Jahre Kampf für Freiheit, Gleichheit, Schwesterlichkeit* (2019) die Geschichten von bekannten und weniger bekannten Feministinnen wie Rosa Luxemburg, Emmeline Pankhurst oder Malala Yousafzai.

2.3 Vom Wahlrecht für Frauen zu Volk und Vaterland: Weimarer Republik und Nationalsozialismus

Die Erlangung des Frauenwahlrechts in der jungen Weimarer Republik

Der Einsatz für das Frauenwahlrecht nimmt Anfang das 20. Jahrhunderts nochmals an Fahrt auf. Anita Augsburg gründet mit Lida Gustava Heinemann und Minna Cauer in Hamburg 1902 den »Deutschen Verein für Frauenstimmrecht«, erweitert 1904 zum »Deutschen Verband für Frauenstimmrecht«. Ab 1908 dürfen Frauen endlich Mitglieder in politischen Parteien werden. Auf nationalen und internationalen Kongressen fordern Frauen unterschiedlicher politischer Positionen das Frauenstimmrecht und Clara Zetkin organisiert am 19. März 1911 den ersten internationalen Frauentag als Kampftag für das Stimmrecht.

2 »Lieber fliegen als kriechen«

Der Erste Weltkrieg 1914–1918 führt in den meisten Ländern, so auch in Deutschland, dazu, dass die politischen Auseinandersetzungen um das Frauenwahlrecht in den Hintergrund treten. Gleichzeitig werden Frauen, um die Abwesenheit der als Soldaten eingezogenen Männer auszugleichen, in dieser Zeit verstärkt Teil des öffentlichen Lebens und insbesondere Teil der arbeitenden Bevölkerung. Zudem stellt die deutsche Niederlage im Ersten Weltkrieg eine wichtige Zäsur im Hinblick auf die deutsche Demokratieentwicklung dar, denn an die Stelle der konstitutionellen Monarchie des Kaiserreichs tritt die parlamentarische Demokratie der Weimarer Republik.

Am 12. November 1918 ist es nach Jahrzehnten des Ringens endlich so weit: In Deutschland erhalten alle Frauen und Männer ab 20 Jahren das aktive und passive Wahlrecht. Denn im »Aufruf vom Rat der Volksbeauftragten an das Deutsche Volk« heißt es:

> »Alle Wahlen zu öffentlichen Körperschaften sind fortan nach dem gleichen, geheimen, direkten, allgemeinen Wahlrecht auf Grund des proportionalen Wahlsystems für alle mindestens 20 Jahre alten männlichen und weiblichen Personen zu vollziehen.« (zit. nach Bundesarchiv 2022)

Das passive Wahlrecht, also die Möglichkeit gewählt zu werden, ist dabei von besonderer Bedeutung, können so doch Frauen sich als Abgeordnete direkt politisch betätigen, und nicht nur ihre Stimme einem männlichen Kandidaten geben.

Marianne Weber von der Deutschen Demokratischen Partei (DDP) spricht als erste Frau in einem deutschen Parlament, nämlich bei der konstituierenden Sitzung der verfassunggebenden Versammlung der Republik Baden am 15. Januar 1919. Sie bekräftigt dabei in Richtung ihrer männlichen Kollegen, »dass wir besser für sie [diese Aufgabe] vorbereitet sind, als vielleicht die meisten von Ihnen glauben« (zit. nach LPB BW 2021).

2.3 Vom Wahlrecht für Frauen zu Volk und Vaterland

Abb. 1: Die weiblichen Abgeordneten der Mehrheitssozialisten 1919 (Foto: AdsS, Sign. 6/FOTA009876).

Wie zur Bestätigung dieser Worte machen die Frauen in Deutschland von ihrem neuen Wahlrecht umgehend Gebrauch: Bei der ersten Wahl zur Nationalversammlung im Januar 1919 geben rund 82 % der wahlberechtigten Frauen ihre Stimme ab und auf den Wahllisten beträgt der Frauenanteil bei 308 Frauen und 1310 Männern 19 %. Letztlich gehen 37 der 423 Mandate, d. h. knapp neun Prozent, an Frauen (LpB BW 2021). Die SPD (Mehrheitssozialisten), die als erste Partei in Deutschland 1891 das Wahlrecht für Frauen forderte, entsendet mit 19 Frauen über die Hälfte dieser weiblichen Abgeordneten. Dies entspricht 11,7 % der gewählten SPD-Abgeordneten. Einen höheren Frauenanteil weist nur die USPD (Unabhängige Sozialisten) mit 13,6 % (6 Frauen) auf. Obwohl die beiden sozialdemokratischen Parteien insgesamt nicht die Mehrheit der Sitze im Parlament erhalten, stellen sie über 2/3 der weiblichen Abgeordneten. Darunter sind v. a. Vertreterinnen der bürgerlichen Frauenbewegung wie Gertrud Bäumer. Marie Juchacz, ebenfalls frisch gewählt und als Frauensekretärin Mitglied des

SPD-Vorstands, spricht am 19. Februar 1919 als erste Frau in der Weimarer Nationalversammlung und stellt klar,

> »dass wir deutschen Frauen dieser Regierung nicht etwa in dem althergebrachten Sinne Dank schuldig sind. Was diese Regierung getan hat, das war eine Selbstverständlichkeit: sie hat den Frauen gegeben, was ihnen bis dahin zu Unrecht vorenthalten worden ist« (zit. nach LPB BW 2021).

> **Die Suffragettenbewegung in Großbritannien**
> Bekannt im Zuge des Kampfes um das Frauenwahlrecht ist auch die sogenannte Suffragettenbewegung (aus dem englischen *suffrage* für ›Wahlrecht‹) in den USA und Großbritannien. Die bürgerliche *Women's Social and Political Union* in Großbritannien beispielsweise organisierte seit 1903 Proteste, Demonstrationen und Hungerstreiks. Insbesondere 1910 und 1912 kam es auch zu größeren gewaltsamen Ausschreitungen und Hunderten verhafteter Frauen. 1913 starb die Aktivistin Emily Davison, als sie aus Protest vor das Pferd des britischen Königs lief.
> Nach dem Ersten Weltkrieg erhielten 1918 in Großbritannien zunächst Frauen ab 30 Jahren mit Grundeigentum, ab 1928 schließlich alle Frauen das Wahlrecht.
>
> Medientipp: Der Film *Suffragette – Taten statt Worte* (2015, Originaltitel: *Suffragette*), Regie: Sarah Gavron.

Mehr Rechte und wohlfahrtstaatliche Errungenschaften für Frauen

Auch in weiteren Aspekten ist die 1919 von der Nationalversammlung ausgearbeitete Weimarer Verfassung ein wesentlicher – wenn auch kein vollständig umgesetzter – Schritt zur Gleichberechtigung. Sie schreibt Männern und Frauen »grundsätzlich dieselben staatsbürgerlichen Rechte und Pflichten« zu, und verpflichtet den Staat auf den Schutz der Mutterschaft und das Wohlergehen von Frauen. Bestehen bleibt allerdings mit dem sogenannten ›Gehorsamkeitsparagraphen‹ (§ 1353), der seit 1900 im Bürgerlichen Gesetzbuch (BGB) verankert ist, die eheliche Vorherrschaft des Mannes:

»Dem Manne steht die Entscheidung in allen das gemeinschaftliche eheliche Leben betreffenden Angelegenheiten zu; er bestimmt insbesondere Wohnort und Wohnung. Die Frau ist nicht verpflichtet, der Entscheidung des Mannes Folge zu leisten, wenn sich die Entscheidung als Mißbrauch seines Rechts darstellt.«

Auch wenn sich die Forderungen der Abgeordneten der SPD und der USPD nach einer uneingeschränkten rechtlichen Gleichstellung nicht erfüllen, stellt die Weimarer Verfassung doch einen deutlichen Fortschritt dar.

Die Arbeit im Parlament trägt auch in den nächsten Jahren die Handschrift der politischen Pionierinnen. Vieles im Bereich der Sozialpolitik, für die die Parlamentarierinnen auch vorher gestritten hatten, wollen sie nun realisieren. Zentrale Gesetze, die den Wohlfahrtstaat stabilisieren und das Leben von Frauen verbessern, werden verabschiedet. Das Wochengeld nach der Entbindung eines Kindes, das bislang nur versicherten, d.h. erwerbstätigen Müttern zusteht, wird 1927 für alle Frauen gezahlt. Frauen dürfen ab 1922 auch als Rechtsanwältinnen und Richterinnen tätig sein. Die Stabilisierung und Ausweitung des Wohlfahrtsstaates, auch z.B. im Hinblick auf die Sozialversicherung für Heimarbeiterinnen, geht auf ihr Konto (von Hindenburg 2018).

Dennoch haben die Frauen insbesondere mit dem passiven Wahlrecht zu kämpfen: Der Erfolg bei Wahlen hängt zu einem großen Teil davon ab, einen der vorderen Plätze auf der Parteiliste zu bekommen, was vielen Frauen nicht gelingt. Entsprechend verlässt der Frauenanteil unter den Abgeordneten in der Weimarer Republik nie den einstelligen Bereich.

Akademisierung der Frauenbildung und Fortschreibung geschlechtsspezifischer Lehrpläne

Die Protagonistinnen der Frauenbewegung haben zu diesem Zeitpunkt einige ihrer Ziele erreicht. Jedoch sind viele in den 1920ern in einem sehr hohen Alter oder bereits verstorben. Die internationalen Verbindungen, die den Kampf um das Wahlrecht und die Bildung für Frauen prägten und unterstützten, sind durch den Ersten Weltkrieg unterbrochen und können nur schwer wieder aufgebaut werden. Insgesamt ist diese Zeit – in Deutschland und anderen Ländern – weniger durch ihre frauenpolitischen Entwicklungen gekennzeichnet als vielmehr durch die sogenannte ›neue Frau‹, die mit einem neumodischen Kurzhaarschnitt, dem Bubikopf, Furore macht. Unterstützt durch die rasche Entwicklung der neuen Massenmedien, Film und Rundfunk, entstehen neue, internationale Geschlechterleitbilder.

Dennoch kommt auch in das Thema der Frauenbildung in der Weimarer Republik weitere Bewegung. Durch die vielen Toten und Verwundeten des Ersten Weltkriegs und den Geburtenrückgang in der Nachkriegszeit wird die Bildung und Ausbildung von Mädchen auch wirtschaftlich wichtiger.

Nach wie vor ist das Geschlechterverhältnis nicht von klassenspezifischen Bildungsungerechtigkeiten zu trennen. So ist die 1922 eingeführte verpflichtende Grundschule insbesondere für die Bildung der unteren Schichten gedacht, aber die Koedukation, d.h. der gemeinsame Unterricht von Jungen und Mädchen, wird nicht umgesetzt. Auch das reine Leistungsprinzip beim Übergang nach der Grundschule, das z.B. Gertrude Bäumer, Ministerialrätin im Reichsinnenministerium und eine der ersten Frauen im deutschen Parlament, favorisiert, wird aufgrund von Einsprüchen der oberen Schichten verwässert. Stattdessen ist die Aufnahme an den Gymnasien abhängig von den Eltern und der Schule, und besonders begabte Jungen (aber nicht Mädchen) können bereits nach drei Jahren auf ein Gymnasium wechseln.

Dennoch gleichen sich die Bildungsmöglichkeiten für Mädchen immer mehr denen der Jungen an. So führen 1931 fast 30 % aller höheren Mädchenschulen zum Abitur und auch der Anteil der Mädchen, die Abitur machen, steigt erheblich. 1932 sind bereits über 25 % der Abiturient*innen in Preußen weiblich (Herrlitz et al. 1998: 104).

2.3 Vom Wahlrecht für Frauen zu Volk und Vaterland

Diese Bildungsmöglichkeiten sind für die Frauen aber auch dringend notwendig: Immer mehr Mädchen aus allen Schichten sind auf die eigene Erwerbstätigkeit angewiesen, zumal insbesondere ledige und verwitwete Frauen sich ihren Lebensunterhalt selbst verdienen müssen. In der Zeit der Jahrhundertwende bis zum Zweiten Weltkrieg ist entsprechend auch eine deutliche Zunahme der Frauenerwerbstätigkeit zu erkennen (Jacobi 2013: 320). Und auch der Zugang zu Universitäten, der ab 1900 nach und nach in allen deutschen Ländern Frauen offensteht, wird von diesen zunehmend genutzt. So steigt der Studentinnenanteil bis Anfang der 1930er Jahre deutlich auf knapp 16 % an (CEWS 2021).

Parallel dazu entwickelt sich mit den Mittelschulen als Alternative zu universitätsvorbereitenden Schulen ein Schultyp mit sehr geschlechtsspezifischen Lehrplänen. Hier werden Mädchen für die Berufsfelder Handel, Verkehr und Hauswirtschaft und Jungen für das Gewerbe ausgebildet. Im Nationalsozialismus werden Mittelschulen endgültig zu den für Mädchen vorgesehenen Schulen, unabhängig von ihren schulischen Leistungen (Jacobi 2013: 320–322).

Der Beginn der nationalsozialistischen Diktatur: Die Abschaffung des passiven Frauenwahlrechts und die Auflösung der Frauenverbände

Mit der Machtübernahme der Nationalsozialistischen Deutschen Arbeiterpartei (NSDAP) 1933 ändert sich wiederum die Art, wie Geschlechterverhältnisse gedacht werden. Die ›neue Frau‹ der Weimarer Republik gehört der Vergangenheit an. Nun stehen ›deutsche‹ Männer und Frauen, ihre Körper und ihr Geist, im Dienst der rassistischen Ideologie. Das Frauenbild der Nationalsozialisten ist dabei nicht als schlichte Abwertung der Frau und Reduktion auf ihre reproduktiven Fähigkeiten zu verstehen. Vielmehr findet sich hier die bekannte Komplementarität der Geschlechter aus dem 19. Jahrhundert wieder, diesmal in rassistischer Bedeutung: Was der Kampf des Mannes auf dem Feld ist, das ist der Kampf der Frau zu Hause; gemeinsam sorgen sie für den Erhalt der Rasse und die Ausweitung der Nation. Die Zuweisung dieser Aufgaben darf aber nicht darüber hinwegtäuschen, dass in diesem Weltbild Frauen den Männern untergeordnet sind.

So gerät das hart erkämpfte Frauenwahlrecht früh in den Fokus der Nationalsozialisten. Bereits ab 1921 dürfen Frauen in der NSDAP keine höheren Parteifunktionen übernehmen. Ab 1931 dürfen sie sich innerhalb der Partei nicht mehr als Kandidatinnen für eine Wahl aufstellen, wenngleich sie noch Parteimitglied sein dürfen (Geyken 2018). Bis Sommer 1933 werden alle Parteien außer der NSDAP aufgelöst bzw. verboten, womit Frauen in Deutschland faktisch kein passives Wahlrecht mehr haben; das aktive Wahlrecht existiert, ohne tatsächlich freie Wahlen, sowohl für Männer als auch für Frauen ebenfalls nur noch auf dem Papier. Das Regime bindet außerdem Frauen über geschlechtsspezifische Massenorganisationen ein und löst gleichzeitig kleine, politisch eigenständige Frauenverbände auf: So hat die »Nationalsozialistische Frauenschaft« 1935 fast zwei Millionen Mitglieder, während die Verbände für Ärztinnen und Lehrerinnen mit den männlichen Organisationen und unter männlicher Führung zusammengelegt werden. Ausgerufen wird für Frauen die ›Emanzipation von der Emanzipation‹, denn Emanzipation wird als Erfindung jüdischen bzw. marxistischen Geistes verstanden und müsse daher bekämpft werden (Bock 2005: 273).

Wie also setzen die Nationalsozialisten ihre Geschlechterrollenbilder im Rahmen ihrer umfassenden Ideologie um?

Frauenspezifische nationalsozialistische Ideologie I: Die arische, erbgesunde Mutter

In der Geschlechterideologie der Nationalsozialisten ist die Frau Mutter und damit auch die Hüterin der Nation, denn als Mutter zukünftiger Soldaten soll sie der Sicherung der arischen Rasse dienen. Dem gegenüber steht der Mann als Verteidiger der Frauen und der Rasse und als Kämpfer auf dem Feld (Bendel 2007). Der Frau kommt bei der Verbreitung der rassistischen Ideologie durchaus eine entscheidende Rolle zu, ist sie doch diejenige, die für den Erhalt und die Ausbreitung der arischen Rasse zuständig ist.

2.3 Vom Wahlrecht für Frauen zu Volk und Vaterland

Diese enge Verbindung von Sexualität und Nationalismus ist ebenfalls keine Erfindung der nationalsozialistischen Zeit, denn die Reproduktion der Gesellschaft ist von ihren Nachkommen abhängig. Um also sicher zu stellen, dass Frauen nicht mit gesellschaftsfremden Männern Kinder bekommen, wird in patriarchalen Gesellschaften die weibliche Sexualität und die Mutterschaft kontrolliert. Daraus leitet sich im Nationalsozialismus auch die harte Bestrafung von Frauen ab, die mit Ausländern oder Juden Beziehungen eingehen.

> **Zum Begriff ›Patriarchat‹**
> Als Patriarchat (wörtlich ›Väterherrschaft‹) bezeichnet man eine Gesellschaftsordnung, in welcher Männer eine übergeordnete Stellung innehaben. Die wichtigen Werte, Normen und Verhaltensmuster einer Gesellschaft werden durch Männer geprägt. Dies führt dazu, dass Frauen rechtlich schlechter gestellt oder von (in-)direkten Diskriminierungsformen betroffen sind.

Sozialpolitisch unterstützt das Regime die Mutterschaft durch eine Reihe von Anreizen und verschränkt dies gleichzeitig mit der Reduzierung der Erwerbstätigkeit von Müttern. So werden ab 1933 Ehestandsdarlehen mit Beginn der Ehe an Ehemänner ausgezahlt, sofern die bisher erwerbstätige Ehefrau ihren Beruf aufgibt. Zudem lässt sich dieses Ehestandsdarlehen ›abkindern‹: Pro Kind muss ein Viertel weniger zurückgezahlt werden. Mit vier Kindern wird aus dem Darlehen so ein Zuschuss. Das Hilfswerk »Mutter und Kind« kümmert sich auch um nichteheliche Kinder und deren Mütter. Auf der Kehrseite werden Steuern für Kinderlose erhöht und Schwangerschaftsabbrüche bei ›erbgesunden‹ deutschen Frauen verboten.

Frauenspezifische nationalsozialistische Ideologie II: ›Erb- und Rassenpflege‹

Integriert der Nationalsozialismus deutsche, ›arische‹ Frauen über die Betonung der Mutterrolle und ihrer Bedeutung für den Erhalt der Rasse und fördert aktiv deren Reproduktionsverhalten, unterliegt auch die ›Rassenfrage‹ und die rassistische Auslöschungspolitik einer Geschlechterideologie. Das bereits 1933 erlassene »Gesetz zur Verhütung erbkranken Nachwuchses« ermöglicht die Sterilisation von als ›erbkrank‹ definierten Personen, worunter kranke und behinderte Menschen, vor allem aus ärmlichen Verhältnissen, gefasst werden. Opfer sind Männer und Frauen. Sterilisierungen, erzwungene Schwangerschaftsabbrüche und Ermordungen sollen zur ›Aufartung des deutschen Volkes‹ beitragen. Bereits vor Beginn des Krieges werden rund 150.000 Frauen zwangsweise sterilisiert und ab 1939 werden etwa 100.000 Frauen Opfer des Krankenmordes (Bock 2005: 281).

Die sogenannten Nürnberger Gesetze von 1935 verbieten u. a. Eheschließungen zwischen Deutschen und Juden (sowie später auch schwarzen Menschen und Rom*nja und Sinti*zze). Auch außerehelicher Geschlechtsverkehr wird verboten. Die ehe- und familienbezogenen Leistungen erhalten nur ›rassisch wertvolle‹ Familien. Soll im Nationalsozialismus also die Geburt ›nicht-arischer‹ Kinder mit allen Mitteln verhindert werden, werden umgekehrt auch nicht-eheliche ›arische‹ Geburten unterstützt, beispielsweise in den »Lebensborn«-Einrichtungen. Die Heime ermöglichen eine anonyme Entbindung und nehmen Kinder lediger Mütter auf, sofern die Mütter und Väter Nachweise ihrer arischen Abstammung erbringen können. Ledige Mütter können bis zur Entbindung und einige Wochen danach dort verbleiben, die Vormundschaft über die Schwangere bzw. Mutter und Kind übernimmt der Verein »Lebensborn« und sichert so finanzielle Unterstützung der ledigen Mütter und ihrer Kinder.

Der Paragraf 175 StGB
1872 wurde der sogenannte ›Schwulen-Paragraf‹ in das Reichsstrafgesetz aufgenommen: »Widernatürliche Unzucht, welche zwischen Personen männlichen Geschlechts oder von Menschen mit Thieren begangen wird, ist mit Gefängniß zu bestrafen;

auch kann auf Verlust der bürgerlichen Ehrenrechte erkannt werden.« Homosexualität zwischen Männern (nicht zwischen Frauen!) ist damit als Straftat kriminalisiert. Zwar gibt es in der Weimarer Republik Initiativen zur Lockerung und Reformation des Paragrafen, diese setzten sich aber nicht durch. Die Nationalsozialisten verschärfen das Recht nochmal deutlich: Nun reicht schon der Verdacht eines Kontaktes zwischen Männern aus, um erheblich Strafen zu erleiden. Schätzungen gehen davon aus, dass auf Grundlage dieses Paragrafen im Dritten Reich etwa 50.000 Männer inhaftiert und bis zu 15.000 Männer in Konzentrationslager deportiert werden (BpB 2014).

Eingeschränkte Bildungschancen und notwendige Erwerbstätigkeit von Frauen

Neben der Förderung der Mutterschaft setzen die Nationalsozialisten zur Durchsetzung ihrer Geschlechterrollenbilder auf Verbote und Beschränkungen der Bildungsmöglichkeiten für Frauen. 1933 wird eine Quote von maximal 10 % Frauen an Universitäten eingeführt. Zugleich wird die geschlechtsspezifische Bildung der Mädchen wieder verstärkt. Die hauswirtschaftliche Form der Mädchenoberschule, die nur zu einer begrenzten Hochschulzulassung führt, wird stark ausgebaut. Im Schwerpunkt werden dort »Fächer des Frauenschaffens« (Jacobi 2013: 376) unterrichtet, während Englisch oder Mathematik erheblich an Bedeutung verlieren. Der dort erlangte Abschluss wird entsprechend herablassend als ›Puddingabitur‹ bezeichnet, welches von den Universitäten kritisch betrachtet wird und dem Ansehen der Abiturientinnen Schaden zufügt.

Zugleich setzt sich die rassistische Politik fort. Jüdische Schülerinnen sind überproportional an den zum Abitur führenden Schulen zu finden, und insgesamt ist die Bildungsbeteiligung unter jüdischen Familien und dort bei den Mädchen höher als in der Gesamtbevölkerung. Die rassistische Politik zielt daher auf ein Berufsverbot: So wird z. B. jüdischen Ärztinnen die Approbation entzogen. Hiervon profitieren durchaus auch ›arische‹ Frauen, deren Anteil an den Ärzt*innen sich von 1930 bis 1939 verdoppelt und noch weiter ansteigt (Bock 2005: 286). Aus der Rechtsprechung werden alle Frauen, egal ob jüdisch oder nicht, vertrieben. Der Versuch, Frauen vom Studium abzuhalten, hält nicht lange an: Schon 1935 wird die Quotierung wieder zurückgenommen. Dennoch sinkt der Anteil von Studentinnen während der NS-Zeit zuerst deutlich, steigt dann jedoch bis Ende des Zweiten Weltkriegs so stark an, dass im Sommer 1944 vermutlich mehr Frauen als Männer studierten. Dies liegt nicht nur an den Männern, die sich im Krieg befinden. Auch die Studierneigung von Frauen ist gestiegen, und der sich anbahnende Akademikermangel bewegt die Partei, das Frauenstudium zu fördern (Grüttner 1995: 120). Die Umsetzung der Mutterideologie ist zudem insgesamt in der Praxis durchaus flexibel, wenn es um die Erwerbstätigkeit der Frauen geht. Wirtschaftliche Interessen und familiäre Notwendigkeiten verhindern Massenentlassungen von Frauen. Während des Zweiten Weltkrieges werden zudem Frauen als Arbeitskräfte immer wichtiger. An der sogenannten ›Heimatfront‹, die zum Äquivalent des Feldkrieges stilisiert wird, werden Frauen in allen kriegswichtigen Berufen eingesetzt, um die Wirtschaft am Laufen zu halten.

Frauen nur als ›kleines Rädchen im Betrieb‹? Die Mittäterinnen und Nutznießerinnen im nationalsozialistischen Alltag

Auf den ersten Blick scheinen Frauen keine große Rolle in der nationalsozialistischen Diktatur zu spielen, denn entscheidende Funktionen werden allesamt von Männern ausgeübt; ihre Rolle ist auf die Mutterschaft beschränkt. Dieser Eindruck der kaum beteiligten und machtlosen Frau im ›Dritten Reich‹ wäre aber unvollständig.

Zum einen werden einige einflussreiche öffentliche Funktionen durchaus von Frauen ausgeübt: Zwei der bekannteren Frauen der Zeit sind die Reichsfrauenführerin Gertrude Scholz-Klink, die allen NS-Frauenorganisationen vorsteht, und Leni Riefenstahl als Filme-

2.3 Vom Wahlrecht für Frauen zu Volk und Vaterland

macherin Hitlers. Zum anderen propagiert der Nationalsozialismus zwar das Bild der Frau, die außerhalb der Mutterrolle nur ein kleines Rädchen im Betrieb ist und damit qua Geschlecht nicht zur Täterin werden kann. Tatsächlich aber ist das Regime für die Umsetzung seiner Ziele auf Frauen angewiesen und diese arbeiten willentlich und in vielen Fällen wissentlich mit. Schon die Machtergreifung 1933 wäre ohne Frauen nicht möglich gewesen: Frauen gehören zwar Mitte und Ende der 1920er überproportional zu den Nichtwähler*innen; auch geben sie in dieser Zeit der radikalen NSDAP deutlich seltener ihre Stimme als Männer und stattdessen eher den Mitte-Parteien. Insbesondere bei den Reichstagswahlen 1933 speist sich der Stimmenzuwachs der NSDAP jedoch auch zu einem großen Teil aus den Wählerinnen (Wildt 2012).

Im neu ausgerufenen ›Dritten Reich‹ unterstützen Männer wie Frauen, oft in Form eines sehr alltäglichen und damit umso verbreiteteren Antisemitismus, die Rassenideologie der Nationalsozialisten. Die moralische Überhöhung der ›deutschen Mutter‹, die Belohnung für die reproduktive Arbeit und während des Krieges die Arbeit an der ›Heimatfront‹ vermitteln den Frauen den Eindruck, emanzipierter zu werden (Heid 2010).

Frauen arbeiten in der Verwaltung als Sekretärinnen und Assistentinnen. Sie schreiben Gutachten, wie z. B. Eva Justin, die an der Rassenhygienischen und Bevölkerungsbiologischen Forschungsstelle im Reichsgesundheitsamt arbeitet und so die Zwangssterilisationen von Roma und Sinti genehmigt (Krahl & Ellger 2016). Frauen sind schließlich auch Nutznießerinnen des mörderischen Regimes, da jüdische Frauen und Männer aus Berufen und der Gesellschaft gedrängt werden und so begehrter Wohnraum und berufliche Aufstiegschancen ›deutschen‹ Familien zukommt. Nicht zuletzt arbeiten Frauen auch in den Vernichtungslagern: Etwa 10 % des Personals der Konzentrationslager sind weiblich und in Ravensbrück gibt es 1942/43 sogar ein Ausbildungszentrum für Aufseherinnen, in dem etwa 3.500 Frauen geschult werden, Gefangene zu quälen und zu misshandeln.

2.4 Restauration und neuer Aufbruch: Der Beginn der rechtlichen Gleichstellung im geteilten Deutschland

Mit dem Ende des Zweiten Weltkriegs und der Befreiung Deutschlands entstehen zwei sehr unterschiedliche Gesellschaftssysteme, in denen sich auch die Gleichstellung von Männern und Frauen sowie die Geschlechterverhältnisse unterscheiden.

2.4.1 Bundesrepublik: Ringen um das Grundgesetz und Zeit der Restauration

Die Phase nach dem Sieg der Alliierten über das faschistische Deutschland wird für die Bundesrepublik auch die ›Zeit der Restauration‹ genannt, in der es in erster Linie darum geht, zur Normalität der gesellschaftlichen Verhältnisse vor dem Nationalsozialismus zurückzukehren. Denn trotz der gravierenden Veränderungen im Geschlechterverhältnis, die durch den Krieg und die Abwesenheit der Männer stattgefunden hatten, schlägt 1944/45 die im Nachhinein so bezeichnete ›Stunde der Frauen‹ zu Kriegsende nur so lange, bis im Nachkriegsdeutschland politische und wirtschaftliche Strukturen wieder gefestigt sind. Tatsächlich bemüht man sich in der Folgezeit auf vielen Ebenen eher darum, anknüpfend an die im 19. Jahrhundert entwickelten Geschlechtscharaktere Frauen in die Küche und in die Kinderstube als Orte der wahren weiblichen Bestimmung zurückzuweisen und patriarchale Geschlechterverhältnisse wieder herzustellen. Rechtlich wird dafür auf das BGB von 1896 zurückgegriffen, welches den Vater als Oberhaupt der Familie festschreibt, und damit ihm die letztgültige Entscheidung in allen Dingen zuspricht. Die Frau wiederum wird verpflichtet, den Haushalt zu führen.

2.4 Restauration und neuer Aufbruch

Uneingeschränkte Gleichberechtigung wird Verfassungsgrundsatz

Ein in seiner Bedeutung kaum zu unterschätzender Meilenstein wird in den ersten Nachkriegsjahren dennoch erreicht. 1949 wird das neue Grundgesetz der Bundesrepublik vom Parlamentarischen Rat verabschiedet, inklusive des Artikels drei mit dem für die Gleichberechtigung der Geschlechter so fundamentalen Satz: »Männer und Frauen sind gleichberechtigt«. Dass dieser Satz tatsächlich im Grundgesetz steht, ist jedoch nicht selbstverständlich, denn im Entwurf des Grundgesetztes ist ursprünglich die Formulierung aus der Weimarer Republik vorgesehen: »Männer und Frauen haben dieselben staatsbürgerlichen Rechte« (zit. nach Hoecker 2008: 10). Diese Formulierung hätte zwar die politische Gleichstellung, wie das gleiche Wahlrecht für Männer und Frauen, garantiert. Die im Bürgerlichen Gesetzbuch festgeschriebene Unterordnung der Frau unter die Entscheidungsmacht des Mannes in Bereichen wie Erwerbstätigkeit und Haushalt wäre jedoch unangetastet geblieben.

Der uneingeschränkte Gleichberechtigungsgrundsatz wird stattdessen gegen Widerstände verschiedener Parteien von einem kleinen Kreis von Juristinnen mit Unterstützung weiterer engagierter Frauen und Frauenverbände sowie den vier im Parlamentarischen Rat vertretenen Politikerinnen durchgesetzt. Diese vier Abgeordneten, die auch als die ›Mütter des Grundgesetzes‹ bezeichnet werden, sind Friederike Nadig (SPD), Elisabeth Selbert (SPD), Helene Weber (CDU) und Helene Wessel (Zentrum).

Eine zentrale Bedeutung für das Gelingen hat Elisabeth Selbert. Während sie zunächst davon ausgeht, dass solch eine Formulierung eine Selbstverständlichkeit darstellt, muss sie schnell erkennen, dass selbst in ihrer sozialdemokratischen Partei die Formulierung »Männer und Frauen sind gleichberechtigt« nicht einhellig gewünscht ist, von anderen Parteien ganz zu schweigen. Auch sind sich zu Beginn nicht einmal alle vier Politikerinnen einig: Zwar unterstützt die zweite Sozialdemokratin, Friederike Nadig, den Gleichberechtigungsartikel, Helene Wessel (Zentrum) und Helene Weber

2 »Lieber fliegen als kriechen«

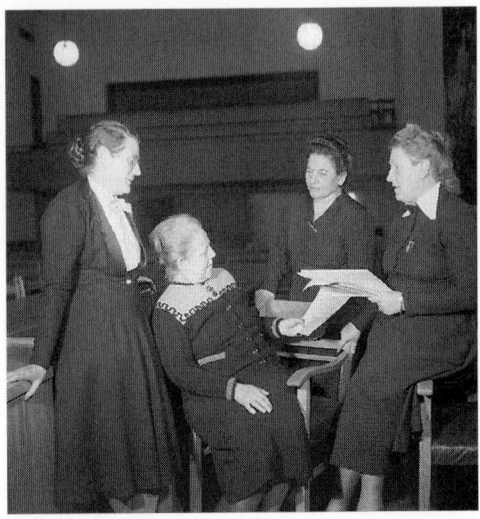

Abb. 2: Die Mütter des Grundgesetzes (Foto: Bestand Erna Wagner-Hehmke, Stiftung Haus der Geschichte).

(CDU) befürworten den Antrag jedoch zuerst nicht. So wird dieser auch in der ersten Lesung mit 11 zu 9 Stimmen abgelehnt. Im Anschluss daran organisiert Elisabeth Selbert Widerstand und Einspruch, sowohl von Einzelpersonen als auch von Frauenverbänden. Zahlreiche Briefe und Petitionen werden an den Parlamentarischen Rat gesandt und von Selbert geschickt politisch genutzt (Wenzel & Wolff 2019). Letztendlich führt dies zum Erfolg: Am 18. Januar 1949 wird der Gleichheitsgrundsatz in das Grundgesetz für die Bundesrepublik Deutschland aufgenommen.

Elisabeth Selbert (1896–1986): Eine der Mütter des Grundgesetzes

Dr. Elisabeth Seibert wird 1896 in Kassel geboren. Sie besteht ihr Abitur als erste Frau in einer externen Prüfung in Kassel, studiert Rechtswissenschaften in Marburg und promoviert im Anschluss an das juristische Staatsexamen zum Thema »Ehezerrüttung als Scheidungsgrund«. Ihre erste eigene Kanzlei eröffnet sie noch 1934 als eine der letzten Anwältinnen vor dem durch die Nationalsozialisten beschlossenen Berufsverbot. Schon früh engagiert sie sich in der SPD und setzt sich nach Einführung des passiven und aktiven Wahlrechts für Frauen dafür ein, dass diese davon Gebrauch machen.

Nach dem Zweiten Weltkrieg wird Elisabeth Selbert Mitglied der Stadtversammlung Kassel und der Verfassungsberatenden Landesversammlung für Groß-Hessen. Dort wird ihr pragmatischer und visionärer Umgang mit Gleichberechtigung deutlich: Sie hält Gleichberechtigung für so selbstverständlich, dass in der hessischen Landesverfassung jahrzehntelang ein entsprechender Passus fehlt; erst 2018 wird er nach einer Volksbefragung in die Verfassung eingefügt (Wenzel & Wolff 2019).

> Medientipp: Der Film *Sternstunde ihres Lebens* von 2014 (Regie: Erica von Moeller) erzählt die Geschichte von Elisabeth Selbert und ihres Kampfes für Artikel drei.

Der ursprüngliche Widerstand gegen den Gleichberechtigungspassus liegt auch darin begründet, dass diese Formulierung grundsätzlich und umfassend zugleich ist. Sie lässt keinen Raum dafür, die ›Eigenart‹ des Weiblichen zu berücksichtigen, wie es beispielsweise Helene Wessel und Helene Weibel befürwortet hätten (BMFSFJ 2019).

Die letztendlich durchgesetzte Formulierung ist in zweierlei Hinsicht bemerkenswert: Zum einen setzt sie Gleichberechtigung als existierend. Diese soll also nicht in Zukunft realisiert werden, sondern sie wird als bereits gegeben formuliert. Das ist durchaus eine kühne Behauptung, die allein im engen rechtlichen Sinne erst Jahrzehnte später als (nahezu) erfüllt gelten kann und im weiteren gesellschaftlichen Sinne auch 70 Jahre später noch nicht vollständig erreicht ist. Zum anderen hat diese Formulierung im Grundgesetz der neuen Bundesrepublik weitgehende rechtliche Auswirkungen, denn mit dieser grundsätzlichen Bestimmung sind alle privatrechtlichen Paragrafen des BGB auf den Prüfstand zu stellen, da Gesetze, die z. B. das patriarchale Bild des männlichen Familienernährers und Vorstands der Familie weiterführen, damit verfassungswidrig sind.

Restaurationszeit in der jungen Bundesrepublik oder: Aller Anfang ist schwer

Die aufgrund des neuen Gleichberechtigungspostulats notwendigen Prüf- bzw. Überarbeitungsverfahren haben in der Nachkriegszeit der jungen Bundesrepublik allerdings zunächst keine Priorität. Stattdessen stehen die Freiheiten und Fortschritte, die Frauen in der Weimarer Republik errungen haben, und damit die zaghaften Veränderungen im Geschlechterverhältnis, in der Nachkriegsregierung unter Konrad Adenauer (CDU) erneut zur Debatte.

2.4 Restauration und neuer Aufbruch

Am Beispiel der Kinderbetreuung wird dies deutlich: Kinderbetreuung soll möglichst ausschließlich in der Familie stattfinden. Außerfamiliäre Kinderbetreuung nämlich würde die Erwerbstätigkeit der Mütter fördern und damit die Familie ›zersetzen‹. Berufstätigkeit von Frauen wird politisch verdammt, und erwerbstätigen Frauen die Vernachlässigung ihrer Kinder vorgeworfen, wie ein Zitat des ersten Bundesfamilienministers Franz-Josef Wuermeling (1953–1962) verdeutlicht:

»So ist die Mutter daheim, zumal der Vater weithin nicht daheim ist, heute noch vielfach wichtiger als früher. Eine Mutter daheim ersetzt vielfach Autos, Musiktruhen und Auslandsreisen, die doch allzu oft mit ihrer Kinder gestohlenen Zeit bezahlt wurden« (zit. nach Gerlach 2009).

Entsprechend wird von Teilen des Bundestages auch keine Notwendigkeit gesehen, erwerbstätige Mütter zu schützen. Nur auf Drängen der SPD wird das »Gesetz zum Schutz der erwerbstätigen Mutter« 1952 doch verabschiedet. Das neue Gesetz ermöglicht vollen Lohnersatz für 12 Wochen Freistellung rund um die Entbindung und enthält ein Verbot schwerer körperlicher sowie Nacht- und Akkordarbeit während der Schwangerschaft sowie einen nachgeburtlichen Kündigungsschutz von vier Monaten.

Auch aus der Erfahrung der staatlichen Indoktrination des Nationalsozialismus heraus garantiert das Grundgesetz die Erziehungshoheit der Familie und der Eltern, staatliche Eingriffe wie die externe Kinderbetreuung sind insofern begründungspflichtig. Der Kindergarten wird in erster Linie als Betreuungsort für diejenigen verstanden, die keine andere Möglichkeit haben bzw. denen nicht zugetraut wird, die Erziehung selbst zu leisten. Während zeitgleich in der DDR eine frühe Ganztagsbetreuung der Kinder ausgebaut wird, grenzt man sich in der Bundesrepublik von dieser »sozialistische[n] Verstaatlichungs- und Sozialisierungstendenz« (Pöggeler 1957, zit. nach Hagemann 2015: 352) ab.

Stattdessen fördern Politiken der Bundesrepublik den männlichen Alleinverdiener bzw. die Hausfrauenehe, z. B. durch die Einführung des sogenannten Ehegattensplittings 1958, welches eine geringe oder gar keine Erwerbstätigkeit von Ehefrauen belohnt.

Darüber hinaus gelten weiterhin die Regelungen des BGB, nach denen der Ehemann alle für das Paar relevanten Entscheidungen ohne seine Ehefrau treffen kann: »Dem Manne steht die Entscheidung in allen das gemeinschaftliche eheliche Leben betreffenden Angelegenheiten zu; er bestimmt insbesondere Wohnort und Wohnung« (§ 1354 BGB i.d. V. von 1896/1900). Zudem kann er seiner Ehefrau eine Berufstätigkeit verbieten oder auch entscheiden, ob sie ein eigenes Konto führen kann.

Diese und ähnliche rechtliche Verankerungen des patriarchalen Geschlechterverhältnisses sind seit der Aufnahme des Gleichberechtigungsartikels verfassungswidrig, und dennoch ist es kein Automatismus, die entsprechenden Abschnitte im BGB zu verändern. Im Gegenteil: Nachdem im März 1953 bereits die im Verfassungsgebungsprozess erlaubte Übergangsfrist ausgelaufen ist, muss im Zuge von Klagen gegen das BGB erst das Bundesverfassungsgericht im Dezember desselben Jahres feststellen, dass Männer und Frauen gleichberechtigt sind, bevor dahingehend wirklich Bewegung in den Gesetzgebungsprozess der Bundesrepublik kommt. Nach schwierigen Verhandlungen insbesondere über das Verhältnis zwischen Ehemann und Ehefrau tritt schließlich 1958 das »Gesetz über die Gleichberechtigung von Mann und Frau auf dem Gebiet des bürgerlichen Rechts« in Kraft. Eingeführt werden dabei Veränderungen, die aber bei weitem noch nicht alle Bereiche umfassend transformieren: Frauen dürfen nun ein eigenes Konto führen und über das eigene Einkommen und Vermögen bestimmen. Das Scheidungsrecht wird derart reformiert, dass der in der Ehe verdiente Zugewinn nun unter beiden Eheleuten aufgeteilt wird, was insbesondere Frauen, die nach der Heirat oft gar nicht oder nur kurz erwerbstätig waren, nach einer Scheidung nicht mehr mittellos zurücklässt. Das Leitbild der für Haushalt und Ehe verantwortlichen Frau hat jedoch auch nach dieser Gesetzesreform rechtlichen Bestand, denn das BGB besagt weiterhin: »Die Frau führt den Haushalt in eigener Verantwortung. Sie ist berechtigt, erwerbstätig zu sein, soweit dies mit ihren Pflichten in Ehe und Familie vereinbar ist« (§ 1356 BGB Abs. 1 i.d. V. von 1957).

2.4 Restauration und neuer Aufbruch

Insgesamt werden an zahlreichen Stellen Rechte von Männern und Frauen in der Ehe voneinander unterschieden, so beispielsweise auch in Paragraf 1355, demzufolge der Familienname als der Nachname des Mannes festgeschrieben ist, aber die Frau durch eine öffentlich beglaubigte Erklärung im Standesamt ihren Mädchennamen noch hinzufügen kann. Auch wenn mit dem Gesetz also Fortschritte erzielt werden, ist dieses sogenannte Gleichberechtigungsgesetz noch weit davon entfernt, den Anspruch tatsächlicher rechtlicher Gleichberechtigung zu erfüllen.

Das katholische Arbeitermädchen vom Lande: Bildungsbenachteiligung in den ersten Jahrzehnten der Bundesrepublik

Die Benachteiligung von Mädchen in der (schulischen) Bildung der 50er und 60er Jahre ist eklatant und mündet in den Bildungsanalysen der 60er Jahre in die Kunstfigur des ›katholischen Arbeitermädchens vom Lande‹, denn Mädchen der katholischen Konfession und im ländlichen Raum lebend sind besonders von der Bildungsbenachteiligung betroffen. 1969 veröffentlicht die Soziologin Helge Pross ihre Analyse *Über die Bildungschancen von Mädchen in der Bundesrepublik*. Sie zeigt darin auf, welche Strukturen und Umstände Mädchen und junge Frauen daran hindern, die ihnen formal zugestandene Gleichberechtigung auch tatsächlich zu realisieren.

Dies wird bereits im schulischen Bildungssystem deutlich. Die Hauptschule, in der Mädchen überrepräsentiert sind, ist nicht auf den Übergang auf eine höhere Schule ausgerichtet. Vielmehr zielt sie, so Pross, durch die angebotenen Fächer und die Schwerpunktsetzung auf einen engen Berufskorridor sozialer und erzieherischer Fächer, die vermeintlich dem Wesen der Mädchen eher entsprechen. Dieser fachliche Fokus korrespondiere mit der geringen Bildungserwartung vieler Eltern. Mädchen als spätere Ehefrauen und Mütter benötigen demnach keinen ›richtigen‹ Beruf – ein geringer Schulabschluss, vielleicht noch eine Ausbildung zur Kindergärtnerin oder Krankenpflegerin reiche aus.

2 »Lieber fliegen als kriechen«

In den höheren Schulen hingegen ist der Anteil von Mädchen deutlich geringer und nimmt sogar in der Oberstufe noch ab. Obwohl Mädchen im Schnitt die besseren Schulnoten haben als Jungen, gehen viele Schülerinnen nach Erreichen der mittleren Reife (also nach der 10. Klasse) von der Schule ab. Besonders deutlich wird die in der Gesellschaft vorherrschende ablehnende Einstellung gegenüber weiblicher Bildung in der Frage des Hochschulstudiums. Für die aus dem Krieg und aus der Gefangenschaft zurückkehrenden Männer werden Studien- und Arbeitsplätze benötigt. Es steht »außer Frage, dass es kriegsbedingt zu viele Studierende weiblichen Geschlechts gab und dass dieses möglichst zügig korrigiert werden müsse« (Hausen 2005: 4). Existierende Arbeitsplätze sollen den aus dem Krieg zurückkehrenden Männern vorbehalten bleiben; die Erwerbstätigkeit von Frauen wird eher als etwas Kurzzeitiges oder Vorübergehendes verstanden. Nur wenige Frauen fangen ein Studium an, viele brechen vorzeitig ab. So hat der Studienjahrgang 1957 bei den Frauen eine Schwundquote von 54 %, d.h. mehr als die Hälfte der Frauen, die ein Studium beginnen, scheidet vorzeitig aus. Hingegen verlassen 70–80 % der Männer das Studium mit einem Abschluss. Dies ist auch wesentlich dem Umfeld geschuldet, in dem die Studentinnen zwar formal zu Studium berechtigt, aber nicht gewollt sind. Befragungen zeigen, dass der überwiegende Anteil der Lehrenden an Universitäten einem Frauenstudium ablehnend gegenüberstehen, noch stärker ist die Ablehnung gegenüber weiblichen Lehrenden (Metz-Göckel 1996: 381).

Leitbild und Realität in der bundesrepublikanischen Nachkriegszeit

Wie auch schon mit der Entstehung der bürgerlichen Familie im 19. Jahrhundert entwickelt sich in der frühen Bundesrepublik ein dominantes Geschlechterleitbild, das jedoch faktisch nur für einige Frauen und Männer Realität ist. So gilt ›Kinder, Küche, Kirche‹ natürlich nicht für alle Frauen, denn viele sind erwerbstätig, weil sonst das Einkommen nicht reicht. Zugleich kommen ausländische

Frauen im Rahmen der sogenannten ›Gastarbeiterpolitik‹ in den 60er und 70er Jahren nach Deutschland, um dort die Arbeit zu leisten, für die es nicht genügend einheimische Frauen gibt. So werden nicht nur ausländische Männer, sondern auch gezielt ausländische Frauen angeworben, um in Bereichen wie der Textil- oder Nahrungsindustrie, der Pflege, aber auch in den gesundheitsschädigenden Bereichen der Elektronik und Eisenindustrie zu arbeiten. Die hohe Nachfrage nach (billig zu bezahlenden) weiblichen Arbeitskräften führt dazu, dass Ende der 70er Jahre von den ausländischen Arbeitnehmer*innen rund ein Drittel Frauen sind. Denn die Entlohnung, die für Gastarbeiter insgesamt schon deutlich niedriger ist, fällt für Gastarbeiterinnen nochmals geringer aus: Sie werden in die sogenannten ›Leichtlohngruppen‹ eingeteilt und verdienen 30–40% weniger als männliche Gastarbeiter. Zugleich entlarvt sich an dem Beispiel der Gastarbeiterinnen die Scheinheiligkeit des Geschlechterleitbildes: Während einheimische Mütter explizit nicht oder höchstens Teilzeit arbeiten sollen, werden Gastarbeiterinnen – unabhängig von ihrem Familienstand – Vollzeit eingesetzt. Insofern ist die Erwerbsquote unter ausländischen Frauen auch mit etwa 55 % erheblich höher als bei deutschen Frauen mit 29 % (Matthes 2008: 20). Offiziell sollen zu Beginn nur kinderlose, ledige, und damit flexible Frauen angeworben werden, was jedoch praktisch kaum möglich ist, so dass auch Mütter oder Ehepaare rekrutiert werden.

2.4.2 DDR: Gleichberechtigung als sozialistisches Erfolgsmodell?

Gleichberechtigung bei der Gründung der DDR

Die Entwicklung der formalen Gleichberechtigung verläuft in der DDR deutlich anders als in der Bundesrepublik: Bereits 1946 bestimmt die sowjetische Militäradministration »gleiche Entlohnung von Arbeitern und Angestellten für gleiche Arbeitsleistung unabhängig von Geschlecht und Alter« (zit. nach Nave-Herz 1997: 86).

Auch wird 1947 im sowjetischen Besatzungsgebiet der »Demokratische Frauenbund Deutschlands« gegründet, der sich für die Gleichberechtigung der Frauen einsetzen soll. Es zeigt sich jedoch früh, dass der Frauenbund vor allem Ausführungsorgan der Sozialistischen Einheitspartei Deutschlands (SED) ist und darüber hinaus wenig zur Sache der Gleichberechtigung beiträgt. Seine Mitgliederzahlen bleiben auch aus diesem Grund trotz großer Anstrengungen der SED auf einem niedrigen Niveau (Kaminsky 2020: 48–56).

Im Zuge der Gründung der DDR 1949 wird mit großer Selbstverständlichkeit Artikel 7 in die Verfassung aufgenommen: »Mann und Frau sind gleichberechtigt. Alle Gesetze und Bestimmungen, die der Gleichberechtigung der Frau entgegenstehen, sind aufgehoben«. Ergänzt wird dies durch Artikel 18 Abs. 5 und 6:

> »Mann und Frau [...] haben bei gleicher Arbeit das Recht auf gleichen Lohn. Die Frau genießt besonderen Schutz im Arbeitsverhältnis. Durch Gesetz der Republik werden Einrichtungen geschaffen, die es gewährleisten, daß die Frau ihre Aufgabe als Bürgerin und Schaffende mit ihren Pflichten als Frau und Mutter vereinbaren kann.«

Auch in der DDR bleibt die formulierte Gleichberechtigung jedoch eher Anspruch als Wirklichkeit. Denn erstens steht allein die Förderung der Berufstätigkeit der Frau im Fokus des staatlichen Gleichberechtigungsanliegens und zweitens werden hier wie selbstverständlich nur einem Geschlecht besondere Pflichten, nämlich »Pflichten als Frau und Mutter«, zugeschrieben.

Das sozialistische Leitbild der erwerbstätigen Frau

Die erwerbstätige Frau ist von Beginn an zentraler Bestandteil des Leitbildes sozialistischer Politik, jedoch nicht unbedingt aufgrund emanzipatorischer Beweggründe. Vielmehr steht die Förderung der Produktionstätigkeit aller Erwachsenen im Fokus, die Integration von Frauen in den Arbeitsmarkt ist insofern eher Teil der Bemühungen der Steigerung der Arbeitsproduktivität. Vor diesem Hintergrund werden alle Gesetze, die die Berufstätigkeit von Frauen behindern oder die den Zugang zu bestimmten Berufen erschweren, abgeschafft. Schon 1950 tritt in der DDR ein gesetzlicher Mutterschutz in Kraft, der Frauen mit vollen Lohnersatzleistungen elf Wochen rund um die Entbindung von der Arbeit freistellt. Zunehmend und erheblich schneller und umfassender als in der Bundesrepublik wird eine verlässliche Ganztagesbetreuung eingeführt. Mit dieser Gesetzgebung sind zentrale formale Meilensteine der (beruflichen) Gleichberechtigung von Männern und Frauen bereits früh in der DDR erreicht. Die SED stellt entsprechend die Gleichberechtigung 1962 als vollzogen dar (Kaminsky 2020: 48). Diese einseitige staatliche Perspektive verhindert jedoch die gesellschaftliche Auseinandersetzung mit faktischer Ungleichheit und geschlechtsbezogenen Benachteiligungen. Dazu zählt beispielsweise, dass Gewalt gegen Frauen kein Thema ist, über das öffentlich diskutiert wird. Und auch im Kernanliegen der DDR-Gleichberechtigungsbemühungen, der Berufstätigkeit der Frau, zeigt sich schnell, dass die Vereinbarkeit der beruflichen Tätigkeit mit Familienaufgaben im Wesentlichen Aufgabe der Mütter bleibt.

›Wenn Mutti früh zur Arbeit geht‹: Die Realität einer zweiten Schicht für Haushalt und Kinder

Die unbestreitbaren Erfolge in der Integration von Frauen in den Erwerbsbereich der DDR verdecken die Schwierigkeiten und Herausforderungen, mit denen Frauen in der Praxis zu kämpfen haben.[5] Denn die Rolle als vollzeiterwerbstätige Arbeiterin, mit in aller Regel mehr als 40 Stunden Arbeitszeit pro Woche, kollidiert mit der Rolle als Ehefrau und Mutter, da die Frau weiterhin allein zuständig bleibt für die Haushaltsführung und familiäre Kinderbetreuung. So entsteht für Mütter in der DDR der Begriff der ›zweiten Schicht‹: Nach der Vollzeiterwerbstätigkeit stehen Kinderbetreuung, Haushalt, Einkauf etc. an. Gerade Letzteres ist angesichts

---

5 Diese sind zum Teil auch der »Pflicht zur Arbeit« zu verdanken, die 1968 in Art. 24 der DDR-Verfassung eingefügt wurde.

der Mangelversorgung sehr aufwändig. Insgesamt herrschen gemessen an den Anteilen von Arbeit und Freizeit große Geschlechterunterschiede in der DDR. Voll berufstätige Frauen wenden 34 Stunden in der Woche mehr für alle ihre Aufgaben auf als Männer, womit Männer wiederum knapp doppelt so viel Zeit für Erholung und Freizeit haben wie Frauen.[6]

In den 70er Jahren werden eine Reihe von weiteren Maßnahmen eingeführt, die die Vereinbarkeit von Beruf und Familie erleichtern sollen, wie z. B. eine Arbeitszeitverkürzung für Mütter, die Verlängerung des Mutterschaftsurlaubs oder ein komplettes Jahr bezahlter Auszeit im Anschluss an den Mutterschutz, das sogenannte ›Babyjahr‹. Dieses kann bei der Einführung 1976 ab dem zweiten Kind sowie ab 1986 von allen Eltern in Anspruch genommen werden. Auch Väter könnten also das Babyjahr nehmen, tun dies aber nur selten (Heisig & Zierow 2020: 7).

Diese gesetzlichen Maßnahmen oder spätere staatliche Versuche, über öffentliche Aufrufe und andere Werbemaßnahmen Männer zu mehr Engagement bei Haushalt und Kindern zu bewegen, ändern also kaum etwas an der primären Zuständigkeit der Frauen für Familienaufgaben oder daran, dass vor allem Frauen vor der Herausforderung stehen, Beruf und Familie miteinander zu vereinbaren. Angesichts der staatlicherseits als erreicht angesehenen Gleichberechtigung wird den Müttern die Vereinbarkeit in der Praxis mitunter sogar wieder erschwert. Betriebsleitungen unterstellen ihnen, sie würden ihre Privilegien missbrauchen, ineffizient arbeiten bzw. zu oft wegen der Krankheit ihrer Kinder fehlen (Nave-Herz 1997: 89).

---

6 Im Jahr 1969 wenden voll berufstätige Frauen rund 93 Stunden für bezahlte Arbeit, Haushalt und Kinderbetreuung auf, Männer aber nur rund 59 Stunden. Männer verfügen damit über etwa 50 Stunden für Erholung und Freizeit, Frauen jedoch nur etwa 27 Stunden (Kaminski 2020: 121 f.).

2.4 Restauration und neuer Aufbruch

2.4.3 Die zweite Frauenbewegung in der Bundesrepublik: Eine »Revolte in der Revolte«[7]

Ein Tomatenwurf als Folge und Ursprung neuer feministischer Bestrebungen in der Bundesrepublik

Standen die 1950er und frühen 1960er Jahre in der Bundesrepublik für Restauration und Normalisierung, das Erstarken der patriarchalen Familienkonstruktion und die Verringerung der Emanzipationsmöglichkeiten von Frauen, wendet sich das Blatt Ende der 1960er Jahre deutlich. Am 13. September 1968 wirft die Studentin Sigrid Rüger auf der 23. Delegiertenkonferenz des »Sozialistischen Deutschen Studentenbundes« in Frankfurt Tomaten in Richtung der Männer auf dem Podium. Dieser Tomatenwurf gilt in der Bundesrepublik als die Geburtsstunde der zweiten Frauenbewegung, er kommt aber nicht aus dem Nichts. Was ging ihm voraus?

Die zweite (west-)deutsche Frauenbewegung ist nicht losgelöst von der Studentenbewegung und der feministischen Theoriebildung – auch international – zu denken. Simone de Beauvoir schafft mit *Das andere Geschlecht* (1951 in deutscher Fassung) ein kulturhistorisches und philosophisches Grundlagenwerk über die Unterdrückung der Frauen, die nicht naturgegeben ist, sondern gesellschaftlich hergestellt wird. In den USA entstehen in den 60er Jahren feministische Theorien, die, häufig in utopischer Perspektive, gesellschaftliche Freiheit als Freiheit von der patriarchalen Gesellschaft begreifen, ohne deren Strukturen sich eine neue Gleichheit entwickeln könne. In Deutschland werden diese Schriften, z.B. von Kate Millet, stark diskutiert, und treffen auf die Themen der Studentenbewegung. Diese stellt grundsätzliche Fragen nicht nur an den Hochschulbereich und dessen autoritäre und hierarchische Struktur, sondern auch an die Gesellschaftsordnung, die Innen- und Außenpolitik und die darin herrschenden Widersprüche.

---

7 Siegrid Damm-Rüger, zit. nach Holland-Cunz 2003: 133.

> **Feminismus: Politische Bewegung und wissenschaftliche Auseinandersetzung**
> Der Begriff ›Feminismus‹ bezeichnet zum einen eine Bewegung, die sich politisch oder sozial für die Verbesserung der Teilhabechancen von Frauen einsetzt. Zum anderen bezeichnet er auch die akademischen Bemühungen darum, »die Diskriminierung des weiblichen Geschlechts als Barriere wissenschaftlicher (und praktischer) Erkenntnis wahrzunehmen und zu überwinden« (Schubert & Klein 2006: 106). ›Feministisch‹ kann also eine politische Aktion oder Forderung, eine wissenschaftliche Theorie oder auch eine Person sein.
>
> Politischer Feminismus richtet sich dabei nicht nur an Frauen, sondern möchte allen Menschen unabhängig vom Geschlecht eine freie Entscheidung über ihre Lebensführung und ihre Körper ermöglichen.
>
> Da sich feministische Positionen inhaltlich zum Teil stark voneinander unterscheiden, kann man nicht von dem ›einen Feminismus‹ sprechen, sondern eher von ›Feminismen‹.

Zugleich aber wird den im »Sozialistischen Deutschen Studentenbund« (SDS) engagierten Frauen der Widerspruch zwischen Anspruch und Wirklichkeit immer deutlicher (vgl. im Folgenden Hillauer 2018): Kritisieren ihre Kommilitonen machtvolle öffentliche Verhältnisse und fordern eine antiautoritäre Erziehung und Gesellschaft, z.B. in der Universität oder im Erwerbsbereich, haben sie andererseits im ›Innenbereich‹, d.h. in den jeweiligen privaten Verhältnissen, keine Probleme mit dem Herrschaftsverhältnis zwischen Männern und Frauen. Die Frauen des SDS sind diejenigen, die Kinder betreuen, Kaffee kochen und Texte abtippen, während sie aber öffentlich bei Versammlungen kaum auftreten dürfen und ihre Themen kein Gehör finden. Als Reaktion auf diese Reproduktion patriarchaler Zustände gründet eine Gruppe Frauen im Frühjahr 1968 den »Aktionsrat zur Befreiung der Frau«, dessen Ansinnen Heike Sander mit einem Redebeitrag auf besagter SDS-

2.4 Restauration und neuer Aufbruch

Delegiertenkonferenz 1968 vorstellt. Die in erster Linie desinteressierte Reaktion der männlichen SDS-Vertreter auf Sanders Rede veranlasst Sigrid Rüger zu ihrem Tomatenwurf, mit dem sie den SDS-Cheftheoretiker Hans-Jürgen Krahl trifft. Die eigentlich vom SDS beabsichtigte Nichtbeschäftigung mit dem ›Frauenthema‹ ist dadurch nicht mehr möglich. Über Rügers Tomatenwurf wird auch medial breit berichtet und es gründen sich eine Reihe weiterer Frauen(aktions)gruppen v. a. in Universitätsstädten.

Lesetipp: »Migrantischer Feminismus«
Ebenso wie die erste Frauenbewegung ist auch die zweite Frauenbewegung in Deutschland vielfältig. Häufig ist das Bild von weißen Feministinnen geprägt, die aber nur ein Teil der Bewegung sind. So machten Frauen mit Behinderungen und Migrantinnen auf Ungleichheiten zwischen verschiedenen Positionen und Interessen innerhalb der Frauenbewegung aufmerksam und darauf, wessen Geschichten gehört werden und wessen nicht. Gutiérrez Rodríguez und Pinar Tuzcu rekonstruieren in ihrem Band *Migrantischer Feminismus in der Frauenbewegung in Deutschland (1985-2000)* (Münster 2021) in der Öffentlichkeit oft vergessene Geschichten und Beiträge der politischen Selbstorganisation migrantischer Frauen, die – bei aller Unterschiedlichkeit ihrer Erfahrungen und Situationen – gemeinsam gegen Rassismus und Sexismus kämpften. Ohne sie und ihre transnationalen Beziehungen und Kontakte ist die Geschichte der Frauenbewegung in Deutschland unvollständig, und sie bilden einen wesentlichen Ausgangspunkt für Rassismuskritik und Antikolonialismus in Deutschland.

Neben antiautoritären Bestrebungen, nicht nur in der studentischen Bewegung, und feministischer Theoriebildung führt auch ein zunehmend verändertes sexuelles Bewusstsein dazu, dass gesellschaftliche Schranken reflektiert und hinterfragt werden.

Privates ist politisch: Die gesellschaftliche Verfasstheit von Familie und Sexualität

Ein zentrales Thema der neuen Frauenbewegung ist das Verhältnis zwischen dem Privaten und dem Öffentlichen. Vorherrschende politische Theorien dieser Zeit verstehen den privaten Bereich als etwas vom öffentlichen Raum Abgetrenntes und damit Unpolitisches. Der Staat habe sich, so die damals vorherrschende Meinung, in diese privaten Beziehungen nicht einzumischen. Oder anders: Was zuhause, hinter verschlossenen Türen, geschieht, sei Privatsache. Das gilt sowohl für die Vormachtstellung des Ehemanns als auch für sein Recht auf eheliche Sexualität oder auf Züchtigung seiner Kinder. Mit dem Slogan »Das Private ist politisch« zeigt die Frauenbewegung die Absurdität dieser Trennung auf, denn Vorstellungen von Familie, von Sexualität und von Beziehungen haben sich natürlich nicht nur in gesellschaftlichen Normen, sondern auch in juristischen Regelungen niedergeschlagen. Sie sind damit bereits politisch und müssen daher auch öffentlich verhandelt werden.

Die in Kap. 2.4.1 beschriebenen rechtlichen Regelungen normieren das Verhältnis zwischen Ehefrau und Ehemann. Daneben werden familiäre Verhältnisse außerdem gesteuert durch politische Entscheidungen wie die Finanzierung des Ausbaus externer Kinderbetreuung, da dies beeinflusst, welche Modelle zur Vereinbarkeit von Erwerbstätigkeit und Familienaufgaben tatsächlich lebbar sind. Ebenfalls normierend in privaten Beziehungen wirkt das Strafgesetzbuch, auch dadurch, was *nicht* strafrechtlich verfolgbar ist. So ist es in der Bundesrepublik keine Straftat, innerhalb einer Ehe Geschlechtsverkehr gegen den Willen einer Person zu erzwingen, denn: Vergewaltigung betrifft laut Strafgesetzbuch nur den *außerehelichen* Beischlaf (§ 177 StGB Abs. 1 i.d.V. vom 01.01.1872) und ist innerhalb einer Ehe also rein rechtlich nicht möglich. Innerhalb einer Ehe gehört Geschlechtsverkehr zur ehelichen Pflicht. Dies bestärkend und erweiternd, urteilt im Rahmen der Schuldfeststellung bei einem Scheidungsverfahren der Bundesgerichtshofs 1966 sogar:

»Die Frau genügt ihren ehelichen Pflichten nicht schon damit, daß sie die Beiwohnung teilnahmslos geschehen läßt. Wenn es ihr infolge ihrer Veranlagung oder aus anderen Gründen, zu denen die Unwissenheit der Eheleute gehören kann, versagt bleibt, im ehelichen Verkehr Befriedigung zu finden, so fordert die Ehe von ihr doch eine Gewährung in ehelicher Zuneigung und Opferbereitschaft und verbietet es, Gleichgültigkeit oder Widerwillen zur Schau zu tragen« (BGH-Urteil vom 2.11.1966).

Des Weiteren sind eine heterosexuelle Orientierung und eine Liebesbeziehung zwischen einem Mann und einer Frau gesellschaftlich die einzig möglichen Lebensmodelle, denn Homosexualität ist in der Bundesrepublik verboten und für Männer strafbar.

Straftatbestand Homosexualität in der Bundesrepublik

Der Paragraf 175 StGB, der sexuelle Handlungen zwischen Männern unter Strafe stellt, bleibt nach Ende des Nationalsozialismus unverändert in der Bundesrepublik bestehen. Da das Grundgesetz formuliert, Männer und Frauen seien gleichberechtigt, nach Paragraf 175 sexuelle Handlungen aber nur unter Männern, nicht unter Frauen unter Strafe stehen, muss sich das Bundesverfassungsgericht damit befassen. Es urteilt 1957, dass kein Verstoß gegen das Grundgesetz vorliege. Die Ausführungen des Gerichts dazu veranschaulichen, wie stark Geschlechtervorstellungen, in diesem Fall zu den qua Biologie ›hemmungslosen‹ Männern, auch Mitte des 20. Jahrhunderts noch wirksam sind:

»Schon die körperliche Bildung der Geschlechtsorgane weist für den Mann auf eine mehr drängende und fordernde, für die Frau auf eine mehr hinnehmende und zur Hingabe bereite Funktion hin. [...] Anders als der Mann wird die Frau unwillkürlich schon durch ihren Körper daran erinnert, daß das Sexualleben mit Lasten verbunden ist. [...] So gelingt der lesbisch veranlagten Frau das Durchhalten sexueller Abstinenz leichter, während der homosexuelle Mann dazu neigt, einem hemmungslosen Sexualbedürfnis zu verfallen« (BVerfGE 6, 389: 425 f.).

Auf dieser Rechtsgrundlage werden zwischen 1950 und 1965 etwa 45.000 Männer verurteilt (BpB 2014). Erst ab 1969, und

> auch, um mit der DDR gleichzuziehen, wird am Strafmaß sowie an der sogenannten Schutzgrenze, die sich auf das Alter der Personen bezieht, etwas verändert; die grundsätzliche Ungleichbehandlung beendet jedoch erst die Streichung des Paragrafen im Jahre 1994.

Ab Ende der 60er Jahre werden diese äußeren Einflüsse auf persönliche Beziehungen und Lebensverhältnisse zunehmend thematisiert und debattiert. In der Auseinandersetzung mit gesellschaftlich repressiven Strukturen steht innerhalb der Frauenbewegung daher auch die sexuelle Selbstbestimmung im Fokus. Dazu gehört die Entdeckung des eigenen weiblichen Körpers – für viele Frauen das erste Mal, dass sie sich überhaupt bewusst mit ihrer Sexualität und ihren Wünschen beschäftigen. Lesbische Beziehungen erscheinen, trotz der Illegalität, einem Teil der Frauenbewegung als logische, vielleicht sogar notwendige Folge aus dem Widerstand gegen patriarchale Verhältnisse.

Die ›Pille‹ als Wegbereiterin der Emanzipation?

Ab den 1920 Jahren wird in den USA an einem Medikament zur Empfängnisverhütung geforscht, auch um Schwangerschaftsabbrüche zu verhindern. 1961 kommt ›die Pille‹ auf den deutschen Markt, allerdings zuerst als Mittel gegen Menstruationsbeschwerden, während die Verhütungswirkung eher als Nebenwirkung aufgezählt wird. Zudem wird sie zu Beginn auch nur an verheiratete Frauen ausgegeben.

Zuverlässige Verhütung hat eine entscheidende Bedeutung für die Selbstbestimmung von Frauen. Auch wenn die Pille nicht als emanzipatives Projekt entwickelt wurde, hat sie doch emanzipative Folgen. Frauen können selbst entscheiden, ob und wie viele Kinder sie haben möchten, Sexualität und Fortpflanzung werden entkoppelt. Jedoch gibt es von Beginn an auch deutliche Kritik an der Pille. Diese bezieht sich zum einen auf die starken Nebenwirkungen. Zum anderen wird kritisiert, dass es keine Pille für den Mann gibt. Zudem gibt die Pille Frauen zwar die Möglichkeit, über den eigenen Körper zu bestimmen und Sexualität ohne Sorgen um Schwangerschaft leben zu können, zugleich aber entsteht so eine Idee der ständigen Verfügbarkeit von weiblicher Sexualität, eben weil sie ohne Folgen möglich scheint.

Strafrechtsparagraf 218: Recht auf den eigenen Körper

Das Recht auf körperliche Selbstbestimmung und Zugang zu zuverlässiger medizinischer Versorgung ist eines der zentralen Themen feministischer Politik und fundamentaler Baustein der Gleichberechtigung. Einer der größten politischen Kämpfe, den die zweite Frauenbewegung bestreitet, ist das Recht von Frauen, im Falle einer ungewollten Schwangerschaft über den eigenen Körper zu bestimmen.

Paragraf 218 des Strafgesetzbuchs verbietet seit 1871 den Schwangerschaftsabbruch (seit 1927 mit Ausnahme einer medizinischen Notwendigkeit) sowohl für Schwangere als auch für die Ärzt*innen, die den Abbruch vornehmen (hier und im Folgenden Behren 2018). Abbrüche einer Schwangerschaft können daher nur illegal durchgeführt werden und stehen für die Schwangere immer unter dem Risiko, lebensgefährliche Verletzung durch unsachgemäße medizinische Eingriffe von sogenannten ›Kurpfuschern‹ zu erleiden. Je nachdem, wie viel Geld eine ungewollt schwangere Frau bzw. ihre Familie zur Verfügung hat, wie ihr Zugang zu Informationen ist, ob sie problemlos ins Ausland reisen oder ein*e befreundete*r Ärzt*in gefunden werden kann, ist die gesundheitliche Gefahr für die Frauen und die Gefahr, strafrechtlich verfolgt zu werden, geringer oder höher. Damit ist die Möglichkeit, einen Abbruch ohne gesundheitliche oder strafrechtliche Konsequenzen vornehmen zu lassen, von der sozioökonomischen Lage der Frau abhängig und eine Klassenfrage.

Insgesamt 374 zum Teil prominente und aus allen gesellschaftlichen Schichten stammende Frauen machen 1971 im Magazin *Stern* unter dem Titel »Wir haben abgetrieben!« ihren Schwangerschaftsabbruch öffentlich und fordern Zugang zu einer sicheren medizinischen und psychologischen Versorgung. Diese Kampagne, die von einer ähnlichen französischen Aktion inspiriert und in der Bundesrepublik von Alice Schwarzer gestartet wird, symbolisiert den Beginn einer Massenbewegung, der sich tausende Frauen und auch Männer anschließen. Ärzt*innen geben zu Protokoll, illegal einen Schwangerschaftsabbruch durchgeführt zu haben. Der Slogan »Mein Bauch gehört mir!« wird vielfach für Plakate auf Demonstrationen verwendet, die in der ganzen Bundesrepublik stattfinden.

Gefordert wird von der Frauenbewegung die sogenannte ›Fristenlösung‹, die Abbrüche in den ersten drei Monaten der Schwangerschaft legalisiert. Zahlreiche politische Frauengruppen schließen sich zur »Aktion 218« zusammen. Im Protest gegen Justizminister Gerhard Jahn (SPD) formulieren sie im Sommer 1971:

> »Die Aktion 218 und ihr weitreichender Erfolg sind der Beweis dafür, dass Frauen den vom Staat auferlegten Gebärzwang nicht länger als ihr individuelles Problem begreifen. Erstmals beanspruchen wir Frauen, nicht als Stimmvieh behandelt zu werden, sondern uns als aktive, politische Bürger zu artikulieren« (zit. nach FMT – Gegen § 218).

Es folgt eine lange und kontrovers geführte gesellschaftliche und politische Debatte, die schließlich Mitte der 70er Jahre in einer gesetzlichen Neuregelung mündet.

2.4.4 Umsetzung des Gleichberechtigungsanspruchs in den 1970er und 1980er Jahren in der Bundesrepublik und der DDR

Veränderungen und Beharrungsvermögen der Gesetzgebung in der Bundesrepublik

In den 1970er Jahren gibt es einige Fortschritte bei der Gleichberechtigung zu verzeichnen. Beispielsweise wird 1977 das Leitbild der

Hausfrauenehe aus dem Bürgerlichen Gesetzbuch gestrichen sowie dass Frauen nur arbeiten dürfen, solange sie die Familie nicht vernachlässigen. Klare politische Bekenntnisse also dazu, dass Geschlechterrollen in der Familie nicht mehr rechtlich begründbar und durchsetzbar sind. Andererseits ist im Bereich der körperlichen und sexuellen Selbstbestimmung die rechtliche Entwicklung nicht so eindeutig. So votiert zwar im Frühjahr 1974 der Bundestag mit den Stimmen der FDP und der SPD in Bezug auf den Schwangerschaftsabbruch (§ 218 StGB) für die von der Frauenbewegung favorisierte Fristenlösung. Eine einstweilige Verfügung des Bundeslandes Baden-Württemberg vor dem Bundesverfassungsgericht verhindert jedoch das Inkrafttreten des Gesetzes und nach einer Verfassungsbeschwerde durch CDU/CSU wird es für verfassungswidrig erklärt, da das Gericht das Recht des ›ungeborenen Lebens‹ nicht genug geschützt sieht (Deutscher Bundestag 2017). Stattdessen wird 1976 eine sogenannte ›Indikationslösung‹ im Bundestag verabschiedet. Grundsätzlich bleibt der Abbruch der Schwangerschaft rechtswidrig und strafbar. Schwangerschaftsabbrüche sind jedoch dann straffrei, wenn Gefahr für das Leben der Frau besteht, nach einer Vergewaltigung oder bei Behinderung des Fötus. Außerdem ist eine ›soziale‹ Indikation möglich, d.h. wenn die schwangere Frau sich »in einer Notlage befindet, die so schwer wiegt, dass die Fortsetzung der Schwangerschaft nicht von ihr verlangt werden kann« (vgl. FMT – Gegen § 218). Das Gesetz schafft damit einen größeren Möglichkeitsraum für einen straffreien Schwangerschaftsabbruch. Im Kern ist das Entscheidungsrecht der Frauen aber weiterhin nicht gegeben und es bleibt ein zentrales Anliegen im Ringen um Gleichberechtigung. Dies auch, weil im Zuge dieser Gesetzesänderung auch Gegenbewegungen wie die sogenannten »Lebensschützer« erstarken, die Paragraf 218 wieder verschärfen wollen.

Die Institutionalisierung der Gleichberechtigung in der Bundesrepublik: Vom Aktivismus zum System

Die zweite Frauenbewegung schafft es, auf die Abschaffung zentraler rechtlicher und sozialer Ungerechtigkeiten hinzuwirken. Zugleich entsteht ein gesellschaftliches Bewusstsein dafür, dass Frauen- und Gleichstellungsthemen nicht nur durch politischen Aktivismus gefördert werden können, sondern im politischen und wissenschaftlichen System integriert werden müssen.

Ab Ende der 1970er Jahre etabliert sich daher die feministische Theorie als Frauenforschung an den Hochschulen und Universitäten. Das Erkenntnisinteresse richtet sich hierbei sowohl auf das Geschlecht als zentrale Strukturkategorie weiblicher und männlicher Biografien, aber auch auf die bisherige Dominanz männlicher Perspektiven und die Besetzung wichtiger Positionen mit Männern. Zu Beginn sind es noch – wie in der Frauenbewegung insgesamt – autonome und zusätzliche Projekte wie eine Sommerakademie Berliner Frauenforscherinnen 1976 (Filter 2018). Zunehmend aber wird Frauen- und Geschlechterforschung Teil der akademischen Welt insgesamt. So gründen sich innerhalb der Wissenschaftsgemeinschaften Arbeitsgruppen und Sektionen, die als kritische Wissenschaft Ursachen sozialer Ungleichheit und Geschlechterdiskriminierung erforschen und verändern wollen.

Auch politisch schreiten Institutionalisierung und Vernetzung voran. Dies gilt verstärkt für die internationale Ebene. Schon 1975 findet die UN-Weltkonferenz zum Thema »Die Rolle der Frau in der nationalen und internationalen Gesellschaft« in Mexiko statt. Weltweit vernetzen sich Frauenbewegungen und nehmen Kirchen, Gewerkschaften und politische Parteien Forderungen der Frauenbewegung in ihre Agenden auf. Die 1975 ausgerufene ›Dekade der Frau‹ mündet z. B. in eine »Konvention zur Beseitigung jeglicher Diskriminierung der Frau« (1979), die von gut 50 Ländern unterzeichnet wird.

In Deutschland wiederum etabliert sich bereits 1969 der »Deutsche Frauenrat« als Dachverband für Frauenverbände mit dem Ziel,

2.4 Restauration und neuer Aufbruch

Fraueninteressen im politischen Prozess Gehör zu verschaffen. 1972 wird dem Bundesminister für Jugend, Familie und Gesundheit auch die Zuständigkeit für Frauenfragen übertragen. Damit entsteht auf ministerieller Ebene ein Frauenreferat, welches Ende der 80er Jahre zunehmend mehr Rechte erhält (z. B. Rederecht im Parlament) und tatsächlich frauenpolitischen Einfluss nehmen kann. Auch Frauenförderung wird verstärkt thematisiert, da der Anteil von Frauen in höheren und Führungspositionen erschreckend niedrig ist. Debatten um eine Quote für Frauen in bestimmten Positionen in Deutschland haben hier ihren Ursprung. 1986 erfolgt schließlich die Umbenennung in Bundesministerium für Jugend, Familie, *Frauen* und Gesundheit. Ende der 1970er und verstärkt in den 1980er Jahren werden außerdem in den Kommunen und Bundesländern Stellen für Frauen- oder Gleichstellungsbeauftragte geschaffen, die Gesetze kritisch überprüfen, frauenpolitische Maßnahmen durchführen und auch als Beschwerdestelle fungieren.

Medientipp: »Die Unbeugsamen«
Diese Dokumentation von 2021 zeichnet den Kampf weiblicher Abgeordneter der Bonner Bundesrepublik quer durch das Parteienspektrum nach, die für angemessene Teilhabe und gegen Vorurteile und Sexismus eintraten.

Medientipp: »Die Berufung – Ihr Kampf für Gerechtigkeit«
Dieser Film (Originaltitel: *On the Basis of Sex*; 2018, dt. 2019) erzählt das Leben von Ruth Bader Ginsburg, eine US-amerikanische Juristin und spätere Richterin des obersten Verfassungsgerichtes, von ihrer beruflichen Diskriminierung und ihrem Einsatz für formale Gleichberechtigung in den 70er Jahren der USA.

Gleichberechtigung in der späten DDR

Parallel zu den politischen Auseinandersetzungen zur Rechtwidrigkeit des Schwangerschaftsabbruchs in der Bundesrepublik wird in der DDR 1972 das »Gesetz über die Unterbrechung der Schwangerschaft« verabschiedet, nach dem der Abbruch der Schwangerschaft in den ersten zwölf Wochen möglich ist. Genau heißt es in § 1 Abs. 1:

»Zur Bestimmung der Anzahl, des Zeitpunktes und der zeitlichen Aufeinanderfolge von Geburten wird der Frau zusätzlich zu den bestehenden Möglichkeiten der Empfängnisverhütung das Recht übertragen, über die Unterbrechung einer Schwangerschaft in eigener Verantwortung zu entscheiden.«

Zudem gibt es das Recht auf kostenlose Verhütungsmittel wie ›die Pille‹, die als sogenannte ›Wunschkindpille‹ die Familienplanung unterstützen soll (Leo 2018). Dass auch hier der Grund eher in der wirtschaftlich notwendigen Arbeitskraft der Frauen als in ihrer gesellschaftlichen Emanzipation liegt, kann angenommen werden. Unabhängig davon ist es den Frauen in der DDR aber in hohem Maße möglich, über schwanger werden und das Abbrechen einer Schwangerschaft eigenständig zu bestimmen.

Auch beim Strafrecht zur (männlichen) Homosexualität ist die DDR schneller als die Bundesrepublik: Die Strafbarkeit für homosexuelle Handlungen unter Erwachsenen wird bereits 1968 abgeschafft.[8] Gleichzeitig unterliegt Homosexualität auch in der DDR lange Zeit einem deutlichen gesellschaftlichen Tabu. Zudem wird die Selbstorganisation von Schwulen und Lesben, die v. a. in den 80ern verstärkt stattfindet, sicherheitsbehördlich überwacht (Könne 2018).

---

8 Allerdings unterscheidet das Strafrecht der DDR im Bereich Jugendschutz weiterhin zwischen homosexuellen und heterosexuellen Handlungen: Sexuelle Handlungen zwischen einem Erwachsenen und einem Jugendlichen gleichen Geschlechts sind immer strafbar; bei sexuellen Handlungen zwischen Personen unterschiedlichen Geschlechts ist dies nicht der Fall. Erst Ende 1988 und bereits im Zuge des Kampfes für mehr demokratische und freiheitliche Mitbestimmung wird nach einem wegweisenden Beschluss des Obersten Gerichts der verbleibende Strafrechtsparagraf gegen Homosexuelle in der DDR aufgehoben (LSVD – § 175).

2.4 Restauration und neuer Aufbruch

Frauenerwerbstätigkeit in Bundesrepublik und DDR: Deutliche Unterschiede aber auch gemeinsame nicht überwundene Hürden

Nach mehreren Jahrzehnten der getrennten Entwicklung sind die Unterschiede in Bezug auf die Frauenerwerbstätigkeit in den beiden deutschen Staaten teils erheblich, wenngleich auch in der DDR die als Staatsziel formulierte Gleichberechtigung der Frauen im Beruf nicht erreicht ist.

In der Bundesrepublik stehen Mütter vor dem fast unlösbaren Problem, einen der wenigen Kindergartenplätze zu finden, die zudem aufgrund der Kürze der Betreuungszeit kaum mehr als eine Teilzeiterwerbstätigkeit zulassen. Dies heißt für die meisten Frauen bis in die 1980er Jahre hinein, sich zwischen Beruf und Familie entscheiden zu müssen und oft von ihrem Ehemann oder Partner als Allein- oder Hauptverdiener abhängig zu sein. Für alleinerziehende Mütter ist eine existenzsichernde Vollzeiterwerbstätigkeit fast unmöglich. Die Erwerbstätigenquote von Frauen in der Bundesrepublik ist mit gut 50 % entsprechend niedrig und Vollzeiterwerbstätigkeit mit etwa einem Viertel eher die Ausnahme als die Regel (hier und im Folgenden Kaminsky 2020).

In der DDR existiert hingegen eine ausgebaute Kinderbetreuung bereits für Säuglinge und einschließlich Ganztagsangeboten für Schulkinder, um die Vollzeiterwerbstätigkeit von Müttern zu fördern. Entsprechend hoch ist 1989 mit 92 % die Frauenerwerbstätigenquote. Dabei ist Teilzeiterwerbstätigkeit jedoch, trotz starker politischer Bemühungen, mit mehr als einem Viertel immer noch verbreitet.

Hinsichtlich der beruflichen Chancengleichheit von Frauen bietet sich im Vergleich zwischen DDR und Bundesrepublik ein gemischtes Bild: Zwar sind Frauen in der DDR häufiger in technischen und naturwissenschaftlichen Berufen vertreten als in der Bundesrepublik, sie studieren auch deutlich häufiger und steigen eher in Leitungspositionen auf. Zugleich aber bleiben auch in der DDR die obersten Führungspositionen, darunter z. B. auch Hochschulprofessuren, fest in männlicher Hand. Schließlich kann es nicht die Intention des in der DDR formal gültigen Prinzips ›Gleicher Lohn für gleiche Arbeit‹ sein, dass Frauen »entweder auf untergeordneten Positionen oder in ›Frauenberufen‹ arbeiteten, deren Lohnniveau von vorneherein unter dem der sogenannten Männerberufe lag« (ebd.: 83). Dennoch: Im Vergleich zur Bundesrepublik gibt es in den 1980er Jahren in der DDR deutlich mehr gut qualifizierte Frauen, die es zumindest auf das mittlere Segment der Berufshierarchie schaffen, als in der Bundesrepublik. Gleichzeitig unterschätzte die DDR-Führung laut Kaminsky von Beginn an den Aufwand für Haushaltstätigkeiten insbesondere in einer Mangelwirtschaft und konnte das Problem der Mehrfachbelastung vor allem der Mütter letztlich nicht lösen.

Der Haushaltstag in der Bundesrepublik und der DDR
Bemerkenswerte Gemeinsamkeiten bzgl. des Frauenbildes (und Männerbildes) in Bundesrepublik und DDR lassen sich am Beispiel des Haushaltstages festmachen. Dieser Tag wurde auch ›Hausarbeitstag‹ oder umgangssprachlich ›Hausfrauentag‹ genannt. Einmal pro Monat konnten (anfangs nur) Frauen einen zusätzlichen arbeitsfreien Tag beanspruchen, um Hausarbeiten zu erledigen.

Seinen Ursprung hat der Haushaltstag im Dritten Reich des Jahres 1939 als Waschtag für nicht-jüdische Frauen, deren Arbeitskraft beispielsweise in der Rüstungsindustrie gebraucht wurde.

In der Bundesrepublik galt der Haushaltstag nur in vier Bundesländern (Bremen, Hamburg, Niedersachsen und Nordrhein-Westfalen) und dort auch nur für Frauen. Seine Bedeutung schwand im Zuge der sich verbreitenden 5-Tage-Arbeitswoche. 1979 wurde die Regelung aufgrund der Geschlechterungleichbehandlung für verfassungswidrig erklärt, wobei sie formal erst nach der Wiedervereinigung von Bundesrepublik und DDR 1994 aufgehoben wurde.

> In der DDR konnte der Haushaltstag, der grundsätzlich nur bei Vollzeitbeschäftigung galt, ab 1952 von allen verheirateten Frauen in Anspruch genommen werden; ab 1965 war dies auch für unverheiratete Mütter möglich. 1977 wurde das Anrecht auf den Haushaltstag auf unverheiratete kinderlose Frauen ab 40 Jahren ausgeweitet und auch Männer durften ihn unter sehr begrenzten Bedingungen in Anspruch nehmen, nämlich alleinstehende Väter oder Männer mit einer erkrankten Ehefrau.

2.5 Ein neues Fundament für das nächste Jahrhundert: Gleichberechtigung nach der Wiedervereinigung

Nach 40 Jahren getrennter Entwicklung haben sich in der DDR und der Bundesrepublik zwei sehr unterschiedliche politische und soziale Systeme sowie verschiedene Zustände in Bezug auf die Gleichberechtigung der Geschlechter herausgebildet. Diese beiden Systeme werden 1990 zusammengeführt.

Die Wendezeit und die Wiedervereinigung: Backlash für die ›neuen Bundesländer‹

Die friedliche Revolution in der DDR und die Wiedervereinigung 1990 gehen einher mit erheblichen Veränderungen und Umwälzungen. Zunehmend steht in der späten DDR die Diskrepanz zwischen den politisch propagierten Gleichheitsprinzipien der Regierung und der Lebensrealität von Frauen und Männern in der Kritik. Es gründen sich ab Mitte der 1980er verschiedene Frauengruppen, die in der Wendezeit die Basis für die politische Arbeit darstellen. Um bei den anstehenden Wahlen und politischen Entscheidungen mitsprechen und mitentscheiden zu können, schließen sich die Frauengruppierungen im Herbst 1989 zum »Unabhängigen Frauenverband« (UFV) zusammen. Vor dem Hintergrund der anstehenden Sozial- und Wirtschaftsunion kämpft der UFV für bedarfsgerechte Kinderbetreuung, die Beibehaltung der Fristenlösung für Schwangerschaftsabbrüche und für die gleichwertige Entlohnung von Männern und Frauen sowie Arbeitsbeschaffungsprogramme. Die entwickelten Forderungen verschwinden allerdings in der Schublade (Bock 2020) und bei den Kommunal- und Landtagswahlen 1990 gelingt es den UFV-Vertreterinnen nur vereinzelt, Mandate zu erringen.

Im April 1990 treffen sich rund 1.000 Frauen zum ersten Ost-West-Frauenkongress in Ost-Berlin. Die Zusammenarbeit ist schwierig, dennoch besteht Einigkeit darin, dass Frauenarbeitsplätze erhalten bleiben müssen und soziale Sicherungssysteme nicht abgebaut werden dürfen.

Im Ergebnis aber ist die Wiedervereinigung der beiden deutschen Staaten für die frauenpolitisch Engagierten zunächst ernüchternd: Die massiven Transformationen auf dem Arbeitsmarkt bringen eine hohe Langzeitarbeitslosigkeit von Frauen in den neuen Bundesländern mit sich, da insbesondere weiblich dominierte Beschäftigungsbereiche wie der Handel wegbrechen. Die bis dahin im Osten für selbstverständlich gehaltene Vereinbarkeit von Beruf und Familie trifft auf die kaum existierende externe Kinderbetreuungsstruktur im Westen. Auch das für die DDR-Frauen geltende Recht auf die eigenständige Entscheidung im Falle einer ungewollten Schwangerschaft wird wieder in Frage gestellt. Schließlich wird der ungenügende rechtliche Schutz vor Gewalt in der Ehe aus der Bonner Bundesrepublik für das wiedervereinigte Deutschland übernommen.

Letztlich sind jedoch drei wesentliche Gleichberechtigungserrungenschaften der 1990er Jahre direkte Folge der Wiedervereinigung, nämlich die Überarbeitung der bundesrepublikanischen Strafgesetzparagrafen 175 und 218 sowie die Ergänzung des Grundgesetzparagrafen 3.

2.5 Ein neues Fundament für das nächste Jahrhundert

Jugendschutz: Gleiches Schutzalter für Heterosexuelle und Homosexuelle

Im Einigungsvertrag werden die Paragrafen 175 und 218 von der Übertragung des Bundesrepublik-Strafrechts auf die neuen Bundesländer ausgenommen. Damit gilt ab dem 3. Oktober 1990 in Deutschland für einige Jahre zweierlei Recht. Verbände der Schwulen- und Lesbenbewegung in Ost und West setzen sich für eine ersatzlose Streichung des § 175 StGB ein, nach dem homosexuelle Handlungen zwischen Männern strafbar sind, wenn einer der Sexualpartner unter 18 Jahre alt ist; für heterosexuelle (und lesbische) Handlungen ist das Jugendschutzalter hingegen 14 Jahre. Nach kontroversen Debatten und diversen Anhörungen wird 1994 Paragraf 175 schließlich gestrichen und ein neues einheitliches Schutzalter von 16 Jahren für alle festgelegt.

Schwangerschaftsabbruch: Kompromiss aus Fristen- und Indikationslösung

Der politische Prozess für eine gemeinsame Regelung des Schwangerschaftsabbruchs Anfang der 1990er Jahre gestaltet sich schwierig und langwierig, aber im Ergebnis bleibt zumindest ein Teil der in der DDR geltenden liberalen Gesetzesgrundlage erhalten. Der Schwangerschaftsabbruch ist ab 1995 demnach aufgrund einer medizinischen oder kriminologischen Indikation nicht rechtswidrig und straffrei. Trifft keine dieser Indikationen zu, bleibt der Abbruch bis zur zwölften Woche zwar rechtswidrig, aber straffrei, wenn eine Beratung mindestens drei Tage vor dem Eingriff in Anspruch genommen wird.

Vergewaltigung in der Ehe: Ein Wort macht den großen Unterschied

Ein weiterer gesetzlicher Erfolg kann Ende der 1990er Jahre nach gut zwei Jahrzehnten Einsatz erzielt werden: 1997 spricht sich in einer namentlichen und vom Fraktionszwang befreiten Abstimmung eine Mehrheit der Abgeordneten für den neu gefassten

§ 177 StGB aus. In diesem wird das Wort ›außerehelich‹ gestrichen. Damit wird Vergewaltigung auch in der Ehe strafbar.

Dieser Entscheidung der Parlamentarier*innen geht eine lange und komplizierte Debatte voraus. Gegner*innen halten die Regelung, Vergewaltigung als Nötigung zu bestrafen, für ausreichend und wollen zudem nicht in den privaten Bereich der Ehe eingreifen. Insbesondere letztere Argumentation zeigt, wie stark die Unterscheidung von ›privat‹ und ›öffentlich‹ noch in den Köpfen verankert ist. Umstritten ist in der Debatte außerdem die sogenannte Widerspruchsklausel, mit der betroffene Ehefrauen das Strafverfahren gegen ihren Mann einstellen lassen können. Dagegen formiert sich breiter Widerstand von weiblichen Abgeordneten quer durch alle Fraktionen, denn die Ehefrau sei so gegebenenfalls einem erheblichen Druck durch den Täter und das soziale Umfeld ausgesetzt, die Straftat zu verschleiern.

Letztendlich wird das Gesetz daher ohne diese Widerspruchsklausel verabschiedet und ist außerdem dadurch richtungsweisend, dass Gewalt in privaten Verhältnissen nicht mehr außerhalb strafrechtlicher Verfolgung steht.

Staatlicher Auftrag zur Verwirklichung von Gleichberechtigung

1994 kann ein weiterer Meilenstein für die Gleichberechtigung errungen werden: Dem ›Gleichberechtigungsartikel‹ des Grundgesetzes der Bundesrepublik wird ein wichtiger Satz hinzugefügt, so dass Art. 3 Abs. 2 nun lautet: »Männer und Frauen sind gleichberechtigt. Der Staat fördert die tatsächliche Gleichberechtigung von Männern und Frauen und wirkt auf die Beseitigung bestehender Nachteile hin.«

Mit diesem Satz ist Gleichberechtigung keine reine Absichtserklärung oder Aufgabe individueller Personen, sondern vielmehr explizites Staatsziel. Aus diesem Zusatz leitet sich die Aufgabe ab, effektive Maßnahmen zu entwickeln, die Gleichberechtigung tatsächlich fördern, sowie Strukturen und Regelungen, die Gleichberechtigung behindern, abzubauen.

2.5 Ein neues Fundament für das nächste Jahrhundert

Gleichberechtigung in expliziter öffentlicher Verantwortung

Bereits im Juni 1994 unternimmt Deutschland einen wichtigen Schritt, um dem neuen Grundgesetzauftrag vor allem in Bezug auf die Arbeitswelt und insbesondere im öffentlichen Dienst zu entsprechen: Das »Gesetz zur Durchsetzung der Gleichberechtigung von Frauen und Männern« (Zweites Gleichberechtigungsgesetz) wird unter Bundeskanzler Helmut Kohl (CDU) und Bundesministerin für Frauen und Jugend, Angela Merkel (CDU), verabschiedet. Während der Fokus des Gleichberechtigungsgesetzes von 1957/58 auf der Streichung oder Umformulierung von explizit diskriminierenden Regelungen für Frauen im Bürgerlichen Gesetzbuch lag, legt das Zweite Gleichberechtigungsgesetz[9] den Schwerpunkt auf den aktiven Abbau der Benachteiligung von Frauen. So bestimmen Artikel 1 und 11, wie im öffentlichen Dienst des Bundes insbesondere bei Personalentscheidungen Frauen zu fördern sind. Für die Bundesgremien wird zudem explizit die Parität, also die gleiche Anzahl von Männern und Frauen, als Ziel angesetzt. Artikel 10 schreibt außerdem ein Beschwerderecht im Falle sexueller Belästigung am Arbeitsplatz auch in der Privatwirtschaft fest. Zusammen mit entsprechenden Gesetzen für den Landesdienst werden damit in den 90er Jahren die strukturellen und inhaltlichen Grundlagen für die nächsten Jahrzehnte der Bemühungen um Gleichberechtigung verankert und der öffentliche Dienst als Vorreiter in diesem Bereich etabliert.[10]

---

9 Tatsächlich sind im Zweiten Gleichstellunggesetz von 1994 drei Gesetze enthalten: Artikel 1 umfasst das »Gesetz zur Förderung von Frauen und der Vereinbarkeit von Familie und Beruf in der Bundesverwaltung und den Gerichten des Bundes (Frauenfördergesetz)«, Artikel 10 ist das »Gesetz zum Schutz der Beschäftigten vor sexueller Belästigung am Arbeitsplatz (Beschäftigtenschutzgesetz)« und Artikel 11 beinhaltet das »Gesetz über die Berufung und Entsendung von Frauen und Männern in Gremien im Einflussbereich des Bundes (Bundesgremienbesetzungsgesetz)«.
10 Im November 2001 wird außerdem das »Gesetz zur Durchsetzung der Gleichstellung von Frauen und Männern (Gleichstellungsdurchsetzungsge-

Bei der Umsetzung dieser neuen Vorgaben kommt insbesondere den Frauen- und Gleichstellungsbeauftragten eine wichtige Rolle zu. Sie können neue Fördermaßnahmen anstoßen, sind an Stellenbesetzungsverfahren beteiligt und haben Einspruchsrechte. Bald bilden diese Beauftragten auch landes- oder bundesweite Netzwerke, um zum einen in ihren Institutionen wirkungsvoller zu agieren und um zum anderen auf einer übergeordneten Ebene Politik aktiv mitgestalten zu können. Dazu gehören beispielsweise die »Bundeskonferenz der Frauenbeauftragten an Hochschulen« (BuKoF) oder die »Bundesarbeitsgemeinschaft der kommunalen Frauenbüros und Gleichstellungsstellen« (BAG). Zusammen mit weiteren Akteuren wie dem »Deutschen Frauenrat« oder den Landesfrauenräten entstehen so einflussreiche Organisationen, die Gleichstellungspolitik vorantreiben und als Kooperationspartner, aber auch als kritisches Korrektiv der Landes- und Bundespolitik fungieren. In privatwirtschaftlichen Unternehmen nehmen ebenfalls vereinzelt Frauenbeauftragte ihre Arbeit auf, aber mit anderen Aufgaben und begrenzteren Befugnissen (Bundesanstalt für Arbeit 1992: 59).

Der Streit um das Kopftuch
Eine weitere wichtige Entscheidung für Gleichberechtigung im öffentlichen Dienst muss juristisch erstritten werden. Fereshta Ludin, eine afghanischstämmige Lehrerin, klagt Anfang 2003 in Baden-Württemberg vor dem Verwaltungsgericht Stuttgart gegen ihre Ablehnung als Lehrerin »mangels persönlicher Eignung«. Grund für die Ablehnung: Fereshta Ludin trägt bei der Arbeit ein Kopftuch. Nach einigen Instanzen entscheidet das Bundesverfassungsgericht 2003, dass die Bundesländer konkrete landesrechtliche Regelungen benötigen. Einige Bundesländer er-

---

setz)« verabschiedet. Dieses enthält in Artikel 1 das »Gesetz zur Gleichstellung von Frauen und Männern in der Bundesverwaltung und in den Gerichten des Bundes (Bundesgleichstellungsgesetz)«, welches das Frauenfördergesetz von 1994 ersetzt.

2.5 Ein neues Fundament für das nächste Jahrhundert

lassen daraufhin allgemeine Verbote des Kopftuchs als religiöses Symbol, ohne aber christliche Symbole wie das Kreuz auch zu verbieten. 2015 verdeutlicht das Bundesverfassungsgericht seine Position: Ein pauschales Verbot eines bestimmten religiösen Zeichens ist unzulässig. Vielmehr muss eine konkrete Gefährdung, in Schulen beispielsweise des Schulfriedens oder der staatlichen Neutralität, vorliegen.[11]

Gender Mainstreaming: Aufstieg eines internationalen Konzepts

Zu einem der wichtigsten geschlechterpolitischen Konzepte der 2000er-Jahre avanciert das Gender Mainstreaming. Es entsteht im Kontext der UN-Weltfrauenkonferenzen 1985 und 1995, wird Ende der 1990er in die vertraglichen Bestimmungen der Europäischen Union integriert und kommt anschließend verstärkt auch in Deutschland zur Anwendung.

Im Kern formuliert das Gender Mainstreaming-Prinzip den Auftrag, dass bei allen weitreichenden Entscheidungen die (unterschiedlichen) Auswirkungen dieser Entscheidung auf Frauen und Männer zu berücksichtigen sind, bestenfalls bevor es zur Umsetzung der Entscheidung kommt. Die Dimension ›Geschlecht‹ soll also in das alltägliche Handeln vor allem staatlicher Institutionen integriert werden und diese so bereits präventiv im Sinne der Gleichberechtigung wirken.

---

11 Für privatwirtschaftlichen Unternehmen gilt ein ähnliches Prinzip, wie der europäische Gerichtshof 2021 bestätigt: Sofern der Arbeitgeber im Rahmen einer betrieblichen Neutralitätspolitik allen Arbeitnehmer*innen das Tragen religiöser Zeichen verbietet, kann er auch das Tragen von Kopftüchern verbieten. Dann darf es aber keine Ausnahme für Kreuze oder Ähnliches geben.

> **Zum Begriff ›Gender Mainstreaming‹**
> Für den englischen Begriff *gender mainstreaming* gibt es keine direkte deutsche Übersetzung, weswegen er oft unverändert verwendet wird. Gender bedeutet ›Geschlecht‹ bzw. genauer ›soziales Geschlecht‹, also die gesellschaftliche Rolle, die eine Person aufgrund ihrer biologischen Geschlechtsmerkmale einnimmt bzw. die ihr zugeschrieben wird. *To mainstream something* heißt ›etwas einbinden‹. Man könnte es auch übersetzen als ›etwas in den Hauptstrom bringen‹. Beim Gender Mainstreaming geht es also wortwörtlich um die ›Einbindung des sozialen Geschlechts‹ – und das nicht als Sonderthema, sondern als Selbstverständlichkeit.

Gender Mainstreaming, so der Anspruch, nimmt alle Akteur*innen einer Organisation – und nicht nur beispielsweise Frauen- und Gleichstellungsbeauftragte – in die Pflicht, und kann damit zu nachhaltigen (strukturellen) Veränderungen führen (hier und im Folgenden Meuser & Neusüß 2004: 9–12). Besonders in der größeren Einbindung von Männern wird dabei viel Potential gesehen. Kritiker*innen des Konzepts bemängeln, dass Gender Mainstreaming als eine »›leere Box‹ ohne klare Zielvorstellung, Konkretion oder Kritik an Herrschaftsverhältnissen bestenfalls zu einer ›Gleichstellung light‹ tauge« (ebd.: 10).

In der Praxis erweist sich das Prinzip tatsächlich als sehr voraussetzungsvoll, gerade weil *alle* mit einer Entscheidung oder der Umsetzung dieser Entscheidung befassten Personen für Fortschritte im Sinne der Gleichberechtigung als zuständig gelten. Denn nicht alle Personen verfügen gleichermaßen über das notwendige Wissen und Können oder den Willen, sich für Gleichberechtigung einzusetzen. Entsprechend werden vor allem im öffentlichen Dienst Anstrengungen unternommen, die notwendige ›Genderkompetenz‹ möglichst breit zu fördern. Dies gelingt jedoch nicht in der erhofften Schnelligkeit und Breite. Dadurch sind es zunächst weiterhin vor allem die Frauen- oder Gleichstellungsbeauftragten oder ande-

2.5 Ein neues Fundament für das nächste Jahrhundert

re Fraueninteressensvertreter*innen, die ihr Spezialwissen einbringen, dabei allerdings selten Entscheidungsbefugnisse haben. In der Folge tritt das Konzept des Gender Mainstreaming in Deutschland nach einer Hochphase wieder etwas in den Hintergrund – vielleicht auch, weil es nie ganz gelungen ist, die englische Formulierung für deutsche Verwaltungsstuben mit ausreichend Leben zu füllen. Zwar wird es auf den verschiedensten politischen Ebenen durchaus weiterverfolgt. Doch wird auch deutlich, dass diese auf Prävention ausgerichtete Strategie zur Erreichung von Gleichberechtigung wenn überhaupt nur sehr langfristig von Erfolg gekrönt sein kann. Parallel dazu werden daher wieder verstärkt solche gleichberechtigungsfördernden Maßnahmen auf den Weg gebracht, die gesellschaftlichen Schieflagen korrektiv entgegenwirken sollen.

Gleichberechtigung in der Ära Merkel

Unter Angela Merkel (CDU) als erster Kanzlerin Deutschlands wird zunächst eine regulative Altlast der vorherigen Legislaturperiode abgeräumt: Im August 2006 wird das »Gesetz zur Umsetzung europäischer Richtlinien zur Verwirklichung des Grundsatzes der Gleichbehandlung« erlassen. Vier EU-Richtlinien zur Nichtdiskriminierung sowie der Gleichberechtigung der Geschlechter werden damit endlich in deutsches Recht umgesetzt.[12] Zwar gibt es seit 1949 (bzw. 1994 nochmals erweitert) nach dem Grundgesetzartikel 3 Abs. 3 bereits ein Diskriminierungsverbot in Deutschland, aber es fehlte noch die konkrete rechtliche Ausgestaltung. Das neue »Allgemeine Gleichbehandlungsgesetz« (AGG) bietet nun weitreichenden Schutz vor Diskriminierung aus rassistischen Gründen, wegen der ethnischen Herkunft, des Geschlechts, der Religion oder Weltanschauung, einer Behinderung, des Alters oder der sexuellen Identität. Es begründet im Diskriminierungsfall Rechtsansprüche gegen-

---

12 Diese Richtlinien sind: 2000/43/EG, 2000/78/EG, 2002/73/EG und 2004/113/EG (BMJ 2006: 1897).

über Arbeitgebenden und Privatpersonen sowie entsprechende Beschwerdeverfahren.[13] Das AGG schließt außerdem – im Gegensatz zum Grundgesetz – sexuelle Identität als Benachteiligungsgrund ein. Schließlich ist auch der Bereich sexuelle Belästigung am Arbeitsplatz inkludiert, so dass das AGG das Beschäftigtenschutzgesetz von 1994 ersetzt. Auf Bundesebene wird eine Antidiskriminierungsstelle eingerichtet. Die Stelle leistet zum einen Aufklärungs- und politische Arbeit, indem sie Forschungen in Auftrag gibt und dem Deutschen Bundestag über Diskriminierungen und Interventions- und Präventionsmöglichkeiten berichtet. Zum anderen ist sie die zentrale Beratungs- und Unterstützungsstelle für all diejenigen, die Diskriminierung aus den im Gesetz genannten Gründen erfahren.

Im Dezember 2006 wird außerdem noch das »Gesetz zum Elterngeld und zur Elternzeit« verabschiedet und damit die Vereinbarkeit von Erwerbstätigkeit und Familienaufgaben in neuer Form unterstützt (▶ Kap. 3.3).

Fortschritte werden auch im Bereich der gleichberechtigungsorientierten Datenaufbereitung und Politikentwicklung gemacht: 2008 beauftragt die Bundesregierung erstmals eine Sachverständigenkommission damit, einen Bericht zum Stand der gesellschaftli-

---

13 Das AGG gibt Beschäftigten, Wohnungssuchenden und allen Personen, die Waren und Dienstleistungen nutzen wollen, das Recht, gegen Ungleichbehandlung aus diesen sechs Gründen zu klagen. Damit gibt es ein wirkmächtiges Instrument, um z. B. gegen Diskriminierung am Wohnungsmarkt vorzugehen, wenn der Vermieter die Wohnung nicht an ein gleichgeschlechtliches Paar vermieten möchte. Das AGG wurde 2017 wissenschaftlich evaluiert. Laut der Evaluation wirkt das Gesetz intervenierend, indem es Rechtsmöglichkeiten bietet, sich gegen Diskriminierungen zu wehren. Es wirkt aber auch präventiv, indem Maßnahmen und Prozesse entwickelt werden, die Diskriminierungen erschweren und eine gleichberechtigte Teilhabe fördern. So führt die Stärkung des Diskriminierungsschutzes sowie eine zunehmende Sensibilisierung für Diskriminierungsformen zur Entwicklung vielfältiger Maßnahmen, wie z. B. der Entwicklung anonymisierter Bewerbungsverfahren (Berghahn et al. 2016).

2.5 Ein neues Fundament für das nächste Jahrhundert

chen Teilhabe von Männern und Frauen mit Impulsen für die Politik zu erstellen. Der darauf basierende Gleichstellungsbericht der Bundesregierung erscheint zum ersten Mal 2011 und seitdem in jeder Legislaturperiode. 2009 veröffentlicht das Bundesministerium für Familie, Senioren, Frauen und Jugend außerdem den ersten Atlas zur Gleichstellung von Frauen und Männern in Deutschland mit umfassenden Daten auf Landes- und Kreisebene »über die Unterschiede zwischen den Bundesländern bei der Umsetzung wichtiger gleichstellungspolitischer Ziele und der Schaffung gleichstellungsförderlicher Rahmenbedingungen« (BMFSFJ 2009).

> **Medientipp: Interaktiver Gleichstellungsatlas**
> Der vom Bundesministerium für Familie, Senioren, Frauen und Jugend in regelmäßigen Abständen herausgegebene Gleichstellungsatlas ist auch interaktiv im Internet verfügbar und ermöglicht eine gezielte, nach Bundesländern oder Gemeinden unterscheidbare Suche nach aktuellen Zahlen: http://www.bmfsfj.de/bmfsfj/themen/gleichstellung/gleichstellungsatlas (zuletzt geprüft am 30.11.2022).

Im April 2015 wird das »Gesetz für die gleichberechtigte Teilhabe von Frauen und Männern an Führungspositionen in der Privatwirtschaft und im öffentlichen Dienst«[14] erlassen, das erstmals auch für den privatwirtschaftlichen Bereich gilt und Frauen in Führungspositionen fördern soll. Bereits im August 2021 wird es geändert und ergänzt. Dabei wird zum einen der Geltungsbereich sowie die Rechenschaftspflicht für Unternehmen ausgeweitet. Zum anderen wird statt der vorherigen Geschlechterquote, die sich sowohl auf Männer als auch Frauen beziehen kann, nun eine Frauenquote spezifiziert (▶ Kap. 3.2).

---

14 Das Gesetz enthält sowohl eine Novellierung des Bundesgremienbesetzungsgesetzes (Art. 1) als auch eine Novellierung des Bundesgleichstellungsgesetzes (Art. 2).

> **Wehrpflicht für alle?**
> Ein Bereich mit Sonderstatus in Bezug auf die Gleichberechtigung der Geschlechter wird zu dieser Zeit ebenfalls neu verhandelt: die Wehrpflicht. Während Frauen im wiedervereinigten Deutschland seit 2011 in allen Bereichen des Militärs tätig sein dürfen, gilt für Männer unverändert eine Verpflichtung zur Ableistung des Grundwehrdienstes. Dies ist trotz des Gleichberechtigungspassus in Artikel 3 des Grundgesetzes deswegen möglich, weil seit 1968 Art. 12 Abs. 1 GG eine entsprechende männerspezifische Ausnahme festschreibt. Da der Einzug zum Wehrdienst aber keine Muss-, sondern eine Kann-Bestimmung ist, kann der Bundestag 2011 durch die Änderung des Wehrdienstgesetzes die Wehrpflicht für Männer in Friedenszeiten aussetzen. Dennoch lässt sich vermuten, dass der dadurch erlangte Fortschritt für die Gleichberechtigung der Geschlechter eher Nebenwirkung als Hauptanliegen ist. Denn im Spannungs- oder Verteidigungsfall tritt die Wehrpflicht wieder in Kraft und dank der weiterhin bestehenden Grundgesetzausnahme wären nur Männer davon betroffen.

Eine weitere Entwicklung im Hinblick auf die Gleichberechtigung der Geschlechter nimmt 2017 eine überraschende Wendung, die im Ergebnis die Öffnung der Ehe für gleichgeschlechtliche Paare zur Folge hat (hier und im Folgenden Mangold 2018). Seit 2001 können von gleichgeschlechtlichen Paaren bereits sogenannte ›eingetragene Lebenspartnerschaften‹ eingegangen werden, die jedoch nicht alle Rechte der Eheschließung gewähren. Insbesondere in der Legislaturperiode 2013–2017 gibt es seitens oppositioneller Parteien verschiedene Bemühungen, dieses Zweiklassenrecht abzuschaffen, zunächst jedoch ohne Erfolg. Im Wahljahr 2017 schließlich positionieren sich die Parteien Bündnis 90/Die Grünen, FDP und SPD explizit für die Eheöffnung, indem sie davon auch zukünftige Koalitionsverhandlungen abhängig machen, und erhöhen damit den Druck auf die CDU/CSU. Nachdem Kanzlerin Merkel in ei-

2.5 Ein neues Fundament für das nächste Jahrhundert

nem *Brigitte*-Interview auf eine Zuschauerfrage zur Eheöffnung den Begriff der ›Gewissensentscheidung‹ verwendet, der an die Aufhebung des Fraktionszwangs im parlamentarischen Kontext erinnert, geht es – auch angetrieben durch ein starkes Medienecho – ganz schnell: Nur fünf Tage nach dem Interview und in der letzten Sitzungswoche der Legislaturperiode stimmt der Bundestag mit einer deutlichen Mehrheit von gut 62 % für die Öffnung der Ehe. Im Bürgerlichen Gesetzbuch heißt es nun: »Die Ehe wird von zwei Personen verschiedenen oder gleichen Geschlechts auf Lebenszeit geschlossen« (§ 1353 Abs. 1 S. 1 BGB). Seitdem haben gleichgeschlechtliche und verschiedengeschlechtliche Paare weitestgehend die gleichen Rechte und Pflichten. Auch Adoptionen als Ehepaar (und nicht nur als Einzelperson) sind möglich.[15]

Ihre vierte Legislaturperiode nutzt die CDU-geführte Regierung zur Konsolidierung ihrer Gleichberechtigungspolitiken. Neben der genannten Ausweitung der Förderung von Frauen in Führungspositionen verabschiedet die Bundesregierung im Juli 2020 erstmals eine ministeriumsübergreifende Gleichstellungstrategie, die »gleichstellungspolitische Ziele der gesamten Bundesregierung formuliert und Maßnahmen zu deren Umsetzung nennt« (BMFSFJ 2021a). Sie folgt damit unter anderem einer Empfehlung des Zweiten Gleichstellungsberichts von 2017 (BMFSFJ 2021b). Schließlich wird, nach langem Ringen und viel – auch außerparlamentarischem – Druck im Mai 2021 die »Bundesstiftung Gleichstellung« eingerichtet, deren Aufgabe es ist, »Informationen bereitzustellen, die Praxis zu stärken und die Entwicklung neuer Ideen für die Gleichstellung zu unterstützen« (Bundesstiftung Gleichstellung 2022).

---

15 Noch nicht geregelt ist die gemeinsame Mutterschaft von zwei lesbischen Frauen, die ein Kind bekommen. Die seit 2021 regierende Ampelkoalition aus SPD, Grünen und FDP möchte dies ändern und die sogenannte Co-Mutterschaft einführen. Damit wären auch hier Paare jedweder Geschlechtskombination gleichberechtigt. Zu regeln ist dabei auch die rechtliche Position des biologischen Vaters, der bislang als rechtlicher Vater angegeben werden kann.

3

Längst kein Thema mehr? Gleichberechtigung heute

In vielen gesellschaftlichen Bereichen sind – trotz positiver Entwicklungen vor allem in der zweiten Hälfte des 20. Jahrhunderts – Männer und Frauen noch deutlich ungleich verteilt. Um dies zu ändern und dem Gleichberechtigungsauftrag des Grundgesetzes nachzukommen, setzen staatliche Akteure viele verschiedene Instrumente ein. Dazu gehören Gesetze, Informationsangebote, finanzielle Anreize, Öffentlichkeitskampagnen u. v. m. Einige dieser Instrumente zielen auf strukturelle und kulturelle Veränderungen ab, wie das Verbot von Geschlechterdiskriminierung am Arbeitsplatz oder das Führungspositionengesetz. Andere Instrumente setzen auf der individuellen Ebene an und unterstützen die Kompetenzentwicklung von Männern und Frauen, wie Mentoringprogramme oder Berufsschnuppertage. Im Folgenden werden die Geschlechtersegregation sowie die politischen Maßnahmen in vier Bereichen der Gesellschaft genauer betrachtet.

> **Zum Begriff der ›Geschlechtersegregation‹**
> Eine ›Segregation‹ ist eine Entmischung oder Ungleichverteilung. Von einer ›senkrechten‹ Segregation spricht man, wenn es eine Ungleichverteilung zwischen ›oben‹ und ›unten‹ gibt. Beispielsweise sind sehr viel mehr Männer als Frauen in politischen Führungspositionen. ›Waagerechte‹ Segregation beschreibt eine ungleiche Verteilung auf einer Ebene, wie bei der Berufswahl. So wählen deutlich mehr Frauen soziale, und deutlich mehr Männer technische Berufe.

3.1 Bildung und Ausbildung

Nicht zuletzt aufgrund weitreichender Bildungsreformen in der Bundesrepublik in den 1960er und 1970er Jahren hat sich die Bildungsbeteiligung von Mädchen und Jungen erheblich verändert und angeglichen. Unterschiede zwischen den Geschlechtern gibt es aber dennoch: in der schulischen Bildung bei den Abschlüssen sowie den Fachkompetenzen und in der beruflichen Bildung bei der Verteilung auf Branchen und Berufe. Zudem bestimmt insbesondere die soziale Herkunft im Zusammenhang mit Geschlecht und Migrationserfahrung der Familie die Bildungschancen.

Schulische Bildung: Mädchen liegen leicht vorne

Eine Betrachtung der Schulabschlüsse in Deutschland zeigt für Frauen leicht höhere Abschlüsse: In der Altersgruppe der 25–44-

Jährigen haben 53 % der Frauen und 49 % der Männer die Hochschulreife. Umgekehrt haben 18 % der Männer einen Hauptschulabschluss, aber nur 12 % der Frauen (Demografieportal 2022). Schaut man sich aktuelle Schuljahrgänge an, ist der Geschlechterunterschied bei der Hochschulreife noch deutlicher: 2018 beträgt die Studienzugangsberechtigungsquote bei jungen Frauen 57 %, bei jungen Männern aber nur 45 % (Maaz et al. 2020: 183). Schulleistungsstudien zeigen zudem geschlechtsspezifische Kompetenzunterschiede auf. So kann der PISA-Studie von 2018 entnommen werden, dass Mädchen in den teilnehmenden 79 Staaten, darunter auch Deutschland, durchweg höhere Testergebnisse im Lesen erzielten als Jungen. Hinsichtlich der mathematischen und naturwissenschaftlichen Kompetenzen sind die Befunde international nicht so eindeutig, aber u. a. in Deutschland erzielten die Jungen im Bereich Mathematik höhere Testergebnisse, im Bereich der Naturwissenschaften hingegen konnte kein Geschlechterunterschied belegt werden (Hannover & Ollrogge 2021). Kompetenzunterschiede hängen eng mit Geschlechterstereotypen zusammen. Diese Stereotype, also »gesellschaftlich verbreitete Annahmen darüber, wie männliche und weibliche Personen angeblich sind oder sein sollten« (ebd.), erlangen Kinder bereits in sehr jungen Jahren und sie wirken ab da gewissermaßen als selbsterfüllende Prophezeiungen.

Zugleich aber stellt sich der Zusammenhang von Geschlecht und Bildungserfolg erheblich komplexer dar als in einer simplen Gegenüberstellung von ›den‹ Mädchen und ›den‹ Jungen. Die soziale Herkunft hat großen Einfluss darauf, welche Noten Mädchen und Jungen in der Schule bekommen und wie sie wahrgenommen werden. Beispielsweise konnte gezeigt werden, dass Mädchen aus einem höheren sozialen Milieu bessere Mathematikleistungen als Jungen aus einem niedrigeren sozialen Milieu erzielen (Lühe et al. 2017: 435). Auch spielen die soziale Herkunft oder Migrationserfahrungen der Kinder eine Rolle bei der Bewertung durch die Lehrer*innen oder bei der Schulempfehlung im Übergang in die weiterführende Schule.

3.1 Bildung und Ausbildung

Die These der ›feminisierten Bildung‹ als Ursache der schlechteren Leistung von Jungen

In den 2010er Jahren wurde in der Öffentlichkeit stark diskutiert, ob der hohe Anteil an Lehrerinnen in allgemeinbildenden Schulen für die schlechteren Schulleistungen von Jungen verantwortlich sei. Diese Annahme ist widerlegt. Zwar arbeiten insbesondere in Grundschulen deutlich mehr Lehrerinnen als Lehrer. Allerdings zeigen Studien, dass das Geschlecht der Lehrkraft keinen Einfluss auf Schulleistungen von Kindern hat. Viel wichtiger sind Professionalität und ein Unterricht, der die Stärken aller Kinder aufgreift.

Darüber hinaus ist es gar nicht so neu, dass Mädchen bessere Noten erhalten, denn der Geschlechtsunterschied bei der Benotung ist seit fast hundert Jahren stabil (Mok et al. 2017). Er ist auf das geschlechtsdifferenzierte Lern- und Sozialverhalten – wie eine höhere Kompetenz zum selbstgesteuerten Lernen, eine höhere Selbstdisziplin und ein positiveres Arbeitsverhalten – der Mädchen zurückzuführen (Hannover & Ollrogge 2021). Geschlechtsspezifische Erwartungen an das Verhalten von Kindern, wie ein starker Durchsetzungswille oder kämpferisches Verhalten bei Jungen und Fleiß oder Anpassung bei Mädchen, scheinen sich im Kontext Schule also eher zuungunsten von Jungen auszuwirken. Das verändert sich allerdings im Verlauf der beruflichen Bildung und dreht sich bei der Karriereentwicklung sogar um (▶ Kap. 3.2).

Ausbildung und Studium: Die Schere geht deutlich auseinander

2018 haben etwas weniger junge Frauen (47 %) als junge Männer (53 %) eine Ausbildung begonnen (hier und im Folgenden Klischeefrei 2020). Deutlicher werden die unterschiedlichen Berufswege bei der Form der Ausbildung: Bei den vollzeitschulischen Ausbildungen beträgt der Frauenanteil 71 %. In der dualen Ausbildung wiederum liegt der Frauenanteil bei nur 37 %. In vollzeitschulischer Ausbildung wird in erster Linie für Berufe im Gesundheits-, Erziehungs- oder Sozialwesen ausgebildet und es gibt bis auf wenige Ausnahmen kein Ausbildungsentgelt; die Ausbildung ist sogar teilweise gebührenpflichtig. Die duale Ausbildung umfasst zu einem großen Teil handwerklich-technische Ausbildungsberufe und geht mit einer Vergütung einher. Die waagerechte Geschlechtersegregation, d. h. die ungleiche Verteilung der weiblichen und männlichen Auszubildenden auf die Berufe, ist noch sehr stark ausgeprägt (▶ Abb. 3).

Ähnlich wie bei der Ausbildung zeigt sich auch im Studium weniger ein Geschlechterunterschied bei der Frage, ob Frauen und Männer studieren, sondern bei der, was sie studieren: Ein Studium haben im Wintersemester 2020/21 so viele Männer wie Frauen angefangen – jeweils knapp 1,5 Mio. Am deutlichsten von einer Geschlechtergruppe dominiert sind dabei die Ingenieurswissenschaften, die als zweitgrößte Fächergruppe 2020 lediglich einen Frauenanteil von 24 % aufweisen. Die Geisteswissenschaften als drittgrößte Fächergruppe haben hingegen einen Frauenanteil von 71 %. Die anderen Fächergruppen, darunter auch die drittgrößte Gruppe der Rechts-, Wirtschafts- und Sozialwissenschaften, liegen zwischen 62 % und 40 % (Destatis 2021).

Berufsaktionstage und Initiative Klischeefrei: Der Geschlechterschere entgegenwirken?

Um der geschilderten Ungleichheit entgegenzuwirken, werden zunehmende Anstrengungen unternommen. Besonders beliebt sind aktuell Maßnahmen wie die bundesweiten Aktionstage »Girls' Day« (seit 2001) und »Boys' Day« (seit 2011), die Mädchen und Jungen die Berufe und Studiengänge näherbringen, in denen die jeweilige Geschlechtergruppe deutlich unterrepräsentiert ist. Für Mädchen sind das in erster Linie Berufe im MINT-Bereich und für Jungen soziale und erzieherische Berufe. Die Girls' Days und Boys' Days sind jährlich an einem festen Tag im Frühjahr und können von ganzen Schulklassen oder einzelnen Schüler*innen wahrgenommen wer-

3.1 Bildung und Ausbildung

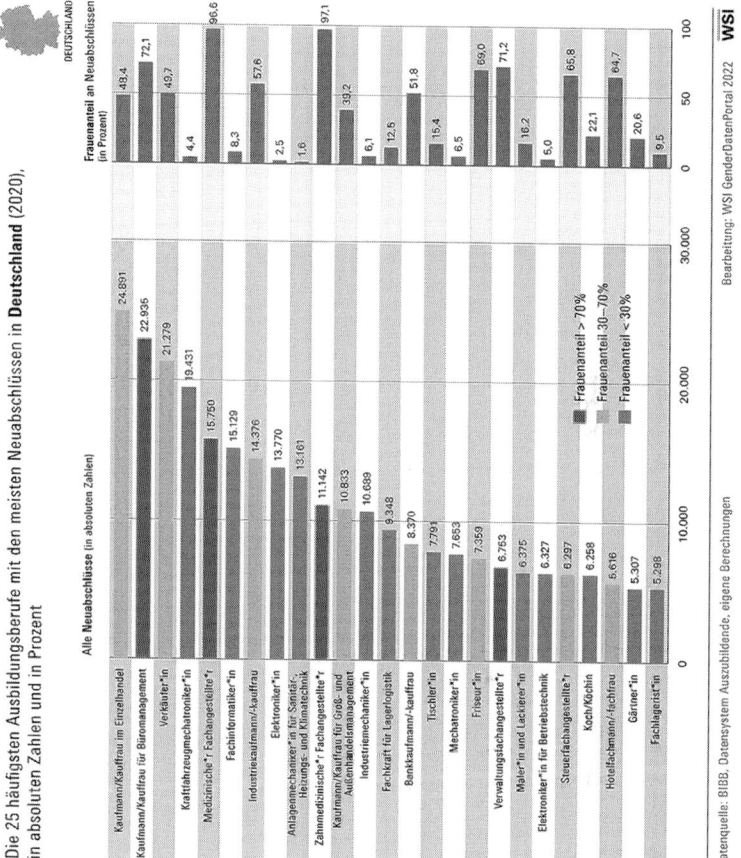

Abb. 3: Männer und Frauen in den 25 häufigsten Ausbildungsberufen 2019. Quelle: WSI Gender Daten Portal – Hobler et al. 2021a (redaktionell bearbeitet); Datenquelle: BIBB, Datensystem Auszubildenden, Berechnung des WSI.

den. Im MINT-Bereich wird außerdem versucht, Mädchen über länger angelegte Begleitformate zu gewinnen, beispielsweise in dem bereits seit 2006 bestehenden Cyber-Mentoring. Ebenfalls sehr verbreitet ist die seit 2016 bestehende Initiative »Klischeefrei«. Diese auf Kulturveränderung angelegte Maßnahme will Berufs- und Studienwahl frei von Geschlechterklischees weiter etablieren. Sie versammelt unter ihrem Dach zahlreiche Partner*innen aus Politik, Wirtschaft und Bildung und bietet auf ihrer Webseite eine stetig wachsende Sammlung an Informationen und Material zum Thema.

Gleichzeitig aber zeigen die sich kaum verändernden geschlechtsbezogenen Kompetenzunterschiede sowie ungleichen Frauen- und Männeranteile bei der Berufswahl, dass sich die Geschlechterschere auf diese Art nur schwer schließen lässt. Denn die zu Grunde liegenden stereotypen Vorstellungen sind zu dieser Zeit bereits zu stark verwurzelt. Bereits ab dem Kleinkindalter muss die Verfestigung von geschlechtsbezogenen Stereotypen verhindert oder abgemildert werden, so dass Kompetenzentwicklung möglichst frei davon stattfinden kann. In der Sekundarstufe, wenn Schüler*innen die Pubertät durchlaufen und es für sie wichtig ist, sich als Junge oder Mädchen ›richtig‹ zu verhalten, ist die Reflexion dieser Geschlechterstereotypen entscheidend, damit das Geschlecht möglichst wenig Einfluss auf die berufliche Orientierung ausüben kann. Dazu braucht es geschlechtsreflektiertes pädagogisches Personal in Kindergärten, Schulen und anderen Bildungseinrichtungen, das diesen Anforderungen gerecht werden kann. Bislang findet dies in der Ausbildung der Fachkräfte leider wenig statt, so dass sich Geschlechterstereotype im Bildungskontext oft fortschreiben oder sogar verstärken.

3.2 Erwerbsarbeit und Entgelt

In den letzten 20 Jahren ist die Frauenerwerbstätigkeit erheblich gestiegen und beträgt heute 72 % im Vergleich zu knapp 80 % bei den Männern (Destatis 2022a). Allerdings ergibt der Blick auf die Details auch hier weiterhin erhebliche Unterschiede zwischen den

3.2 Erwerbsarbeit und Entgelt

Geschlechtern – sei es im Umfang der Erwerbsarbeit, bei der Entlohnung von mehrheitlich von Frauen ausgeübten Berufen oder bei der Verteilung von Führungspositionen.

Teilhabe im Erwerbsbereich

Sehr große Geschlechterunterschiede gibt es in Bezug auf den Umfang der Erwerbstätigkeit, denn Frauen arbeiten sehr viel häufiger in Teilzeit. So ist beispielsweise der Anstieg bei den weiblichen sozialversicherungspflichtigen Beschäftigten von 12,1 Mio. auf 14,9 Mio. zwischen 2007 und 2017 allein auf den Zuwachs in der Teilzeitarbeit zurückzuführen (Statistik der Bundesagentur für Arbeit 2019: 10). Dabei spielen auch die unterschiedlichen Entwicklungen in der Bonner Bundesrepublik und der DDR nach wie vor eine Rolle: Während 2019 die ostdeutschen Frauen zu 34 % in Teilzeit arbeiteten, waren es bei den westdeutschen Frauen 49 % (▶ Abb. 4).

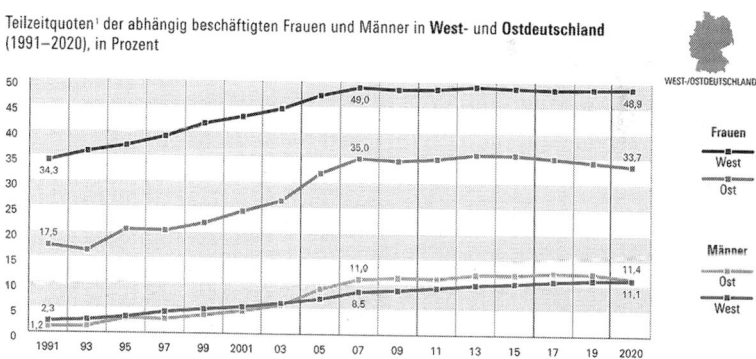

Abb. 4: Teilzeitquoten in West- und Ostdeutschland von Frauen und Männern. Quelle: WSI Gender Daten Portal – Hobler et al. 2021b (redaktionell bearbeitet); Datenquelle: Statistisches Bundesamt (Mikrozensus, teilweise eigene Berechnung des WSI).

Frauen arbeiten im Vergleich zu Männern sehr viel öfter in Teilzeit, da sie die Hauptverantwortung bei der Hausarbeit, der Kinderbetreuung und der Pflege von Angehörigen tragen. Insbesondere Mütter jüngerer Kinder reduzieren ihre Arbeitszeit aufgrund der Erziehungs- und Sorgepflichten (▶ Kap. 3.3). Die wenigen Männer in Teilzeit reduzieren ihre Erwerbstätigkeit ebenfalls (eher kurzzeitig) wegen der Kinderbetreuung sowie beim Übergang zur Rente (Kümmerling 2018).

Aber nicht nur bei den sozialversicherungspflichtigen Beschäftigten gibt es Geschlechterunterschiede, sondern auch bei den geringfügig Beschäftigten. Diese haben sogenannte Mini-Jobs, die ausschließlich oder zusätzlich zu einer sozialversicherungspflichtigen Beschäftigung ausgeübt werden können. Mini-Jobs sind kurzfristig finanziell attraktiv, weil die Sozialabgaben ausschließlich vom Arbeitgeber zu tragen sind, bieten aber kaum Absicherung für Rente oder Arbeitslosengeld. 60 % der Personen, die ausschließlich einen Mini-Job innehaben, sind Frauen (Statistik der Bundesagentur für Arbeit 2021: 12).

Frauen auf Führungspositionen

Eine deutliche Unterrepräsentanz von Frauen im Erwerbsleben findet sich bei Führungspositionen privatwirtschaftlicher Unternehmen und im öffentlichen Dienst – und damit in einem Bereich mit besonders viel gesellschaftlicher Gestaltungsmacht. 2019 waren jedoch noch nicht einmal 30 % der Führungspositionen mit Frauen besetzt. Insbesondere die obersten Führungsgremien, Aufsichtsräte und Vorstände, weisen in Deutschland ein sehr starkes Geschlechtergefälle auf: Der Frauenanteil in Vorständen der Unternehmen, die im Deutschen Aktienindex (DAX) vertreten sind, lag beispielsweise lange Zeit im mittleren einstelligen Bereich und überstieg erstmals 2021 die 10 %-Marke; mehr als die Hälfte der Unternehmen hat keine einzige Frau als Vorstandsmitglied (Ernst & Young 2022: 4). In Aufsichtsräten lag der Frauenanteil 2021 bei etwa einem Drittel (FidAR 2021: 4).

3.2 Erwerbsarbeit und Entgelt

Erwerbseinkommen von Männern und Frauen: Gender Pay Gap

Der *Gender Pay Gap*, also die geschlechtsspezifische Lohnlücke, wird an unterschiedlichen Bruttostundenlöhnen von Männern und Frauen festgemacht. 2020 betrug der Bruttostundenlohn für Männer 22,78 Euro und für Frauen 18,62 Euro; das ist eine Differenz von mehr als vier Euro oder eine Lücke von 18 % (Statistik der Bundesagentur für Arbeit 2021: 14).

Die Ursachen des *Pay Gaps* sind dabei nur zu einem geringen Anteil direkte, individuelle Lohndiskriminierung, sondern meist Folgen der starken waagerechten und senkrechten Geschlechtersegregation: Zum einen verdient man in Führungspositionen oder in Vollzeit besser, und gerade hier sind Frauen deutlich unterrepräsentiert. Aber auch, wenn Männer und Frauen Vollzeit arbeiten, gibt es noch bemerkenswerte Gehaltsunterschiede: Das monatliche Bruttoentgelt von vollzeitbeschäftigten Männern lag 2019 durchschnittlich bei 3.560 Euro, bei vollzeitbeschäftigten Frauen jedoch nur bei 3.117 Euro (12 % Unterschied). Insbesondere in Aufsichts- bzw. Führungspositionen betrug der Unterschied 21 % zugunsten von Männern (Statistik der Bundesagentur für Arbeit 2021: 14). Zum anderen ist die Bezahlung in Berufsgruppen, in denen Frauen stark vertreten sind, schlechter. Deutlich geworden ist das in der Corona-Pandemie. So weisen die sogenannten systemrelevanten Bereiche[16] neben einem Frauenanteil von knapp 60 % eher schlechte Arbeitsbedingungen (Schichtdienst, Überstunden, harte körperliche Arbeit) sowie einen hohen Anteil von geringfügigen Beschäftigungen auf. Ebenfalls fallen die Verdienste hier insgesamt schlechter aus als bei anderen Berufen, und trotzdem übersteigt der durchschnittliche Stundenlohn von Männern auch in diesem Bereich mit 15,95 Euro noch den der Frauen mit 14,21 Euro (Allmendinger 2021: 66).

---

16 Dies waren die Bereiche Bereitstellung von Energie, Wasser und Lebensmitteln, Informationstechnik, Gesundheitswesen, Finanzwesen, Transport, Medien und staatliche Verwaltung, Schulen, Kinder- und Jugendhilfe sowie Behindertenhilfe.

> **Equal Pay Day**
> Auf die große Einkommensdifferenz wird frauenpolitisch durch den *Equal Pay Day* aufmerksam gemacht, der jedes Jahr an einem anderen Tag ist, je nachdem, wie groß die Entgeltlücke im Vorjahr war. 2022 beispielsweise fand er am 7. März statt, um deutlich zu machen, dass Frauen von Beginn des Jahres bis zu diesem Tag quasi ohne Lohn arbeiten, da sie über das Jahr 18 % weniger Lohn als Männer bekommen.

Die wirtschaftsstrukturellen Ursachen für den *Gap* erklären auch zu einem großen Teil, warum es zwischen den Bundesländern teilweise deutliche Unterschiede beim *Gender Pay Gap* gibt: Ein Bundesland wie Mecklenburg-Vorpommern weist mit vorrangig kleinen Unternehmen und einem Wirtschaftsschwerpunkt im Tourismus für Männer 2020 einen Bruttostundenlohn von 17,41 Euro und einen Bruttostundenlohn für Frauen von 16,42 Euro auf, d. h. weniger als ein Euro oder 6 % Unterschied. Die Lücke in Baden-Württemberg ist hingegen mit mehr Großunternehmen und produzierendem Gewerbe mit 23 % besonders hoch.[17]

Zusätzlich zur Bruttolohndifferenz gibt es eine noch viel höhere Nettolohndifferenz, die jedoch schwer zu beziffern ist. Die Nettolohndifferenz kommt dadurch zustande, dass bei der gemeinsamen Besteuerung in der Ehe, dem Ehegattensplitting, die Person mit dem geringeren Einkommen überproportional stark mit Steuern belastet ist. In einer Ehe zwischen einem Mann und einer Frau ist dies eher die Frau. Dadurch erhalten Ehefrauen im Durchschnitt nach den Steuerabzügen noch weniger Arbeitsentgelt als durch den *Gender Pay Gap* allein.

---

17 Neben diesem *Gender Pay Gap* gibt es auch als statistischen Wert den sogenannten ›bereinigten‹ *Gender Pay Gap*, in welchem genau diese strukturellen Ursachen rausgerechnet werden, indem man nur Stundenlöhne von Frauen und Männern in gleichen Berufen bzw. einem ähnlichen Qualifikationsniveau vergleicht. Auch dieser betrug für Gesamtdeutschland 2020 immerhin noch 6 %.

3.2 Erwerbsarbeit und Entgelt

> **Ehegattensplitting: Ein Steuermodell der 50er Jahre**
> Ehegattensplitting beschreibt ein Verfahren im Steuerrecht, welches es Ehepaaren ermöglicht, das Einkommen gemeinsam zu versteuern. In der Summe führt dies zu weniger Steuerzahlungen für das Paar insgesamt, weswegen es attraktiv ist. Je größer dabei die Einkommensdifferenz zwischen den Ehepartner*innen, desto mehr profitiert der Haushalt. Das Steuerrecht begünstigt insofern die Zuverdienerehe und damit in aller Regel finanzielle Abhängigkeiten der Ehefrauen.

Am Ende steht die Altersarmut

Das deutlich niedrigere Nettoeinkommen von Frauen hat weitere Folgen. So richten sich Arbeitslosengeld oder Elterngeld jeweils am letzten Nettoeinkommen aus und fallen also entsprechend niedriger aus. Und auch die finanzielle Situation in der Rentenphase ist von dieser Ungleichheit betroffen. So erhalten Frauen in Ostdeutschland 9 % und in Westdeutschland sogar 37 % weniger Rente als Männer,[18] auch zusätzliche betriebliche Renten und die Erträge aus der privaten Vorsorge sind bei Frauen geringer. 2021 erhielten in ganz Deutschland 38 % der Rentnerinnen weniger als 1.000 Euro Nettoeinkommen; bei den Rentnern waren es dagegen nur knapp 15 % (Destatis 2022b). Besonders betroffen von geringen Löhnen in der Erwerbsphase und damit auch Armut im Alter sind dabei Alleinerziehende, die überwiegend Frauen sind.

---

18 Dies bezieht sich auf Personen, die 2018 neu in den gesetzlichen Rentenstand eingetreten sind. In Ostdeutschland erhalten Frauen im Durchschnitt 974 Euro, Männer 1.066 Euro Rente. In Westdeutschland sind es 688 Euro Rente für Frauen und 1.087 Euro für Männer (Allmendinger 2021: 55).

Maßnahmen zur Minderung der Erwerbs- und Entgeltungleichheit

Insbesondere zur Beseitigung der Unterrepräsentanz von Frauen in Führungspositionen wurden die politischen Anstrengungen in den letzten Jahren verstärkt. Zunächst wurde dabei eher auf individuelle und freiwillige Maßnahmen gesetzt, beispielsweise Mentoringprogramme für Frauen auf dem Weg in Führungspositionen. Zunehmend werden jedoch struktur- und kulturverändernde Maßnahmen wie die Verbesserung der Vereinbarkeit von Beruf und Familie sowie verpflichtende Quotenregelungen angestoßen.

In den meisten Fällen wird dabei eine relative Quote genutzt. Eine relative Quotenregelung gegenüber einer absoluten Quote bedeutet, dass unter der Voraussetzung einer gleichwertigen Qualifikation eine Bewerberin einem Bewerber vorgezogen werden soll, bis der anvisierte Frauenanteil erreicht ist. Quotenregelungen können mehr oder weniger bindend sind: Es gibt solche, die rechtlich verbindlich sind und mit einem Belohnungs- bzw. Bestrafungssystem einhergehen. Ein Beispiel dafür ist, dass bei der Einhaltung einer Quote eine Organisation staatliche Subventionen oder Aufträge erhält. Es gibt aber auch Quoten, die nur einen Orientierungsmaßstab darstellen.

> **Mentoring-Programme: Frauen auf Führungspositionen fördern**
> Mentoring-Programme für Frauen verfolgen das Ziel, weibliche Nachwuchskräfte mit Personen in Kontakt zu bringen, die schon dort tätig sind, wo die Nachwuchskräfte hinwollen, beispielsweise in Führungspositionen in einem bestimmten Wirtschaftszweig. Dabei werden zum einen (gleichgeschlechtliche) Vorbilder sichtbar gemacht; zum anderen geben diese Mentor*innen konkretes berufsrelevantes Wissen weiter. Hintergrund dieser Form der Frauenförderung ist, dass Mentoring informell bereits lange existiert, aber davon historisch mehrheitlich männliche Nachwuchskräfte profitiert haben, weil sie von männlichen Führungskräften gefördert und unterstützt wurden.

3.2 Erwerbsarbeit und Entgelt

Im öffentlichen Dienst werden relative Quotenregelungen, oft in Form von Selbstverpflichtungen, bereits seit einiger Zeit praktiziert. Verschärft und erstmals auch auf privatwirtschaftliche Unternehmen anwendbar kommen Quotenvorgaben seit 2015 im Führungspositionengesetz zum Tragen (▶ Kap. 2.5). Für einen Teil der Unternehmen, nämlich voll mitbestimmungspflichtige oder börsennotierte, gilt damit eine feste Frauenquote von 30 % für Aufsichtsräte sowie die Beteiligung von mindestens einem weiblichen Mitglied in allen Vorständen ab vier Personen. Außerdem sind weitere eigene Zielquoten für die zwei obersten Managementebenen zu setzen. Alle anderen Unternehmen sollen ebenfalls Zielquoten für diese Führungspositionen angeben; hier gibt es allerdings keine festen Quotenvorgaben. Dieses Gesetz konnte bereits eine spürbar positive Wirkung in Richtung mehr Frauenbeteiligung insbesondere bei Aufsichtsräten entfalten. Es gibt ebenfalls neu die Möglichkeit, eine Vorstandsmitgliedschaft wegen Mutterschutz, Elternzeit, Krankheit oder Pflege von Familienangehörigen zu pausieren.

2017 trat das Entgelttransparenzgesetz in Kraft. Dadurch können Arbeitnehmer*innen nun Auskunft darüber erhalten, nach welchen Kriterien sie bezahlt werden, und bekommen Informationen zu Durchschnittsgehältern ähnlicher Positionen im Betrieb. Das Gesetz zeigt bislang jedoch wenig Wirkung. Das liegt auch daran, dass zwei Drittel aller erwerbstätigen Frauen in Deutschland das Gesetz überhaupt nicht in Anspruch nehmen können, da sie in kleinen Betrieben arbeiten, die von der Regelung ausgenommen sind (DGB 2019). Ebenso wenig wurden bislang Maßnahmen umgesetzt, die den schlechten Beschäftigungs- und Arbeitsbedingungen inkl. geringen Löhnen in frauendominierten Berufen flächendeckend entgegenwirken, wenngleich Vorstöße beispielsweise im Pflegebereich gemacht werden.

Medientipp: »Pinkstinks«
Magazin, Kampagnenbüro und Bildungsorganisation gegen Sexismus: Die Webseite pinkstinks.de bietet umfangreiches eige-

nes oder verlinktes Material zu zahlreichen Themen rund um Sexismus. Ein Magazin-Beitrag von 2021 widmet sich beispielsweise der Frage: »Werden Frauen im Steuersystem benachteiligt?« (abrufbar unter https://pinkstinks.de/werden-frauen-im-steuersystem-benachteiligt, zuletzt geprüft am 30.11.2022).

Medientipp: »Justitias Töchter«
Podcast des Deutschen Juristinnenbundes: Der Podcast bietet abwechslungsreich aufbereitet und oft hinterlegt mit aktuellen Schriftstücken des Juristinnenbundes Hintergrundinformationen zu Rechtsfragen rund um die Geschlechterverhältnisse in Deutschland, unter anderem zum Thema »Steuerrecht geschlechtergerecht« (Folge 5, 2021). Alle Folgen können abgerufen werden unter: https://www.djb.de/veroeffentlichungen/podcast-justitias-toechter (zuletzt geprüft am 30.11.2022).

3.3 Haushalt, Kinderbetreuung und Pflege von Angehörigen

Wie in Kap. 3.2 ausgeführt hat die Übernahme von Sorgetätigkeiten, d. h. allen Tätigkeiten rund um den Haushalt, die Betreuung eigener Kinder oder die Pflege von Angehörigen, einen großen Einfluss darauf, in welchem Ausmaß einer Erwerbstätigkeit nachgegangen wird. Aber auch in anderen gesellschaftlichen Bereichen wie dem ehrenamtlichem oder politischem Engagement kann es entscheidend sein, wieviel Zeit und Energie neben der Sorgearbeit noch zur Verfügung steht. Dabei ist die Geschlechterschere, trotz verschiedener finanzieller und gesetzlicher Maßnahmen, noch groß.

3.3 Haushalt, Kinderbetreuung und Pflege von Angehörigen

> **Lesetipp: »Kinder, Haushalt, Pflege – wer kümmert sich?«**
> Diese Broschüre des Bundesministeriums für Familie, Senioren, Frauen und Jugend trägt in ihrer 3. Ausgabe von 2021 den Untertitel *Ein Dossier zur gesellschaftlichen Dimension einer privaten Frage* und erläutert mit vielen Abbildungen die Geschlechterdimension der Sorgearbeit. Sie ist abrufbar unter: https://www.bmfsfj.de/bmfsfj/service/publikationen/kinder-haushalt-pflege-wer-kuemmert-sich-160278 (zuletzt geprüft am 30.11.2022).

Kinderbetreuung und Haushalt bleibt die Aufgabe von Müttern und Frauen

Die Formen, in denen Erwachsene und ihre Kinder zusammenleben, haben sich in den letzten Jahrzehnten deutlich vervielfältigt. Dennoch leben immer noch 71 % der Kinder unter 18 Jahren mit ihren beiden leiblichen Eltern zusammen. Hinzu kommen der wachsende Anteil an Stief- (15 %) und Einelternfamilien (14 %) sowie gleichgeschlechtliche Paare mit Kindern und Adoptiv- und Pflegefamilien (jeweils weniger als 1 %) (Steinbach 2017).

Nicht so sehr verändert hat sich aber die Aufgabenverteilung zwischen Männern und Frauen bei der Kinderbetreuung und im Haushalt: Zwischen 1992 und 2016 hat sich zwar die Frauenerwerbstätigkeit enorm erhöht, die Beteiligung der Männer an der Hausarbeit ist jedoch im Vergleich dazu nur geringfügig von 31 % auf 37 % gestiegen (Samtleben 2019).

Besonders deutlich wird die ungleiche Verteilung von Haushaltsaufgaben und Erwerbsarbeit bei Paaren mit kleinen Kindern: Ohne Kinder verbringen Frauen in Paarhaushalten wochentags doppelt so viel Zeit mit Kochen, Putzen und Wäschewaschen wie Männer; ist das jüngste Kind bis zu sechs Jahre alt ist, erhöht sich die Hausarbeitszeit der Frauen sogar auf das Dreifache von Männern (Samtleben 2019: 142).

Gleichzeitig sind Frauen mit jüngeren Kindern seltener erwerbstätig als Männer mit jüngeren Kindern. Vaterschaft scheint die Er-

3 Längst kein Thema mehr? Gleichberechtigung heute

werbstätigkeit von Männern sogar noch zu fördern: Väter sind mit knapp 84 % eher erwerbstätig als Männer ohne Kinder mit knapp 74 %; der Unterschied der aktiven Erwerbstätigkeit zwischen Vätern (81 %) und Müttern (33 %) ist insbesondere mit Kindern unter drei Jahren besonders groß (▶ Abb. 5).

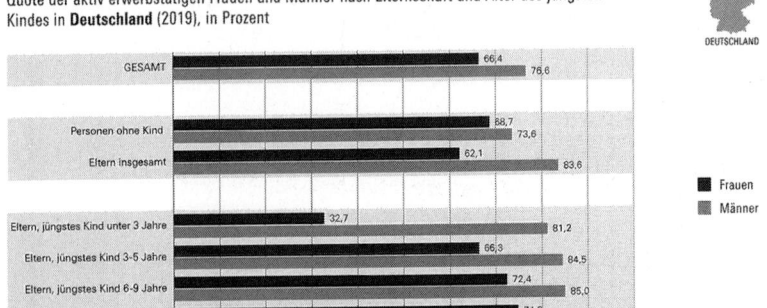

Abb. 5: Aktiv erwerbstätige Frauen und Männer nach Elternschaft (2019) in Prozent. Quelle: WSI Gender Daten Portal – Hobler et al. 2021c (redaktionell bearbeitet); Datenquelle: Statistisches Bundesamt (Mikrozensus).

Die Ungleichverteilung der Hausarbeit und Kinderbetreuungsaufgaben zwischen Männern und Frauen kann auch nicht vollständig durch die höhere Teilzeitquote der Frauen erklärt werden, denn auch an den Wochenenden ändert sich an der Übernahme der Sorgearbeit durch die Frauen nichts oder nicht viel. Offenbar wirken sich die unter der Woche entstehenden Muster und Routinen auch auf die Übernahme von Sorgearbeit an Wochenenden aus (Samtleben 2019: 143).

Die immer noch sehr klare geschlechtsbezogene gesellschaftliche Rollenverteilung in Bezug auf die Erziehung und Betreuung

3.3 Haushalt, Kinderbetreuung und Pflege von Angehörigen

von Kindern wird auch an dem hohen Frauenanteil unter den Alleinerziehenden deutlich: 2019 waren von den 1,5 Mio. Alleinerziehenden 87,9 % Mütter und 12,1 % Väter (BpB 2021a).

Bessere Vereinbarkeit von Kinderbetreuungsaufgaben mit Erwerbstätigkeit

Die bisherigen politischen Maßnahmen zielen vorrangig auf eine Erleichterung der Vereinbarkeit von Kinderbetreuungsaufgaben mit Erwerbstätigkeit. Sie betreffen angesichts der herrschenden Geschlechterverhältnisse vorrangig Frauen. Ein zentraler Baustein bei dem Bestreben, die Erwerbsquote von Müttern zu erhöhen, stellt die externe Kinderbetreuung dar. Bereits 1996 wurde ein Rechtsanspruch auf einen Halbtagsplatz für Dreijährige eingeführt; 2013 wurde dies ausgeweitet auf Kinder ab einem Jahr. Damit einher geht ein starker Ausbau von Kinderbetreuungsplätzen, um den Bedarf zu decken und zugleich Anreize vor allem für Mütter zu schaffen, früher in den Beruf zurückzukehren. Mit dem 2021 beschlossenen Gesetz zur Ganztagsförderung wird nun auch das Betreuungs- bzw. Förderangebot für Kinder im Grundschulalter schrittweise ausgebaut und soll bis 2026 komplett umgesetzt sein.[19] Entsprechend stieg die Betreuungsquote von Kindern unter drei Jahren zwischen 2006 und 2020 von 13,6 % auf 35 % (Ost: 52,7 % und West: 31 %) und bei den Drei- bis Sechsjährigen von 87,3 auf 92,5 % an. Allerdings gibt es weiterhin eine deutliche Betreuungslücke, denn der Bedarf insbesondere nach Kleinkindbetreuung in Westdeutschland lag deutlich über der Betreuungsquote (BpB 2021b).

---

19 Darüber hinaus können Eltern mit geringem Einkommen auch Zuschüsse zu Kinderbetreuungskosten erhalten, zum Teil entfallen diese Kosten bei bestimmten Sozialleistungen sowie für einige Betreuungsarten in bestimmten Bundesländern auch ganz. Nähere und aktuelle Informationen zur staatlichen Übernahme von Kinderbetreuungskosten sind bundeslandspezifisch beispielsweise unter https://www.bildungsserver.de/kita-gebuehren-und-beitragsfreiheit-5674-de.html (zuletzt abgerufen am 30.11.2022) zu finden.

3 Längst kein Thema mehr? Gleichberechtigung heute

Zu den staatlichen Anreizen für höhere Elternerwerbstätigkeit insbesondere von Frauen gehört auch die Einführung des nettoeinkommensabhängigen Elterngeldes 2007 (anstelle des vorherigen Erziehungsgeldes) als finanzielle Unterstützung während der Erwerbsminderung durch Elternzeit. Sogenannte Partnermonate sollen dabei zusätzliche Anreize für Väter setzen, mindestens zwei Monate Elternzeit zu nehmen und sich, das ist die Hoffnung, auch mittelfristig insgesamt mehr in der Kinderbetreuung einzubringen. Gerade Letzteres wurde jedoch nur bedingt erreicht und führte 2015 zur Einführung des ›Elterngeld Plus‹, welches spezifisch die Teilzeitarbeit beider Partner*innen unterstützt.

2017 wurde schließlich auch das Mutterschutzgesetz novelliert. Ziel war es dabei zum einen, mehr Frauen unter den Schutz des Gesetzes zu stellen; so galt dieser bislang nur für Beschäftigte, während nun beispielsweise auch Schülerinnen und Studentinnen unter das Gesetz fallen. Zum anderen ist es auch Ziel, zwischen Gesundheitsschutz und Diskriminierungsschutz die richtige Balance zu finden: Der Schutz der schwangeren oder stillenden Frau soll weder zu beruflichen Nachteilen führen noch ihre erwerbsbezogene Selbstbestimmung einschränken (BMFSFJ 2021c).

Insgesamt wurden im Bereich der Vereinbarkeit von Kinderbetreuungsaufgaben und Erwerbstätigkeit damit große Fortschritte erzielt, auch wenn in der Praxis Angebot und Nachfrage – gerade in Bezug auf Öffnungs- und Schließzeiten – noch lange nicht überall zusammenpassen. Letztlich bleibt aber das Grundproblem bestehen, dass Haus- und Kinderbetreuungsarbeit vor allem in der Zuständigkeit der Frauen gesehen werden, und Männer diese Aufgaben vor allem kurzzeitig und zu einem geringeren Anteil und damit eher ›aushelfend‹ übernehmen (können). Statt also weiter vor allem die Vereinbarkeit für Mütter zu fördern, braucht es einen grundlegenderen Kultur- und Strukturwandel, der insbesondere Väter und Arbeitgebende noch viel stärker als bislang einbezieht (dazu auch ▶ Kap. 4.1).

3.3 Haushalt, Kinderbetreuung und Pflege von Angehörigen

Pflege von Angehörigen

Die Pflege von kranken oder älteren Angehörige ist in einer im demografischen Wandel befindlichen Gesellschaft eine zunehmend bedeutsame Aufgabe. Zwei Drittel aller Pflegebedürftigen werden zu Hause versorgt (Destatis 2021). Nicht nur die konkrete Pflege der Menschen, sondern auch der große organisatorische und bürokratische Aufwand, der dazu gehört, wird dabei in aller Regel privat durch Angehörige geleistet. Diese Sorgearbeit erfolgt zu einem großen Teil unentgeltlich, ist emotional und teilweise körperlich anstrengend und wirkt sich für die pflegende Person auch darauf aus, wie viel Zeit für andere Lebensbereiche wie Erwerbsarbeit, politisches oder soziales Engagement oder Freizeit und Erholung zur Verfügung steht.

Von den über 4,5 Mio. Menschen, die 2016 mindestens eine Stunde in der Woche gepflegt haben, waren 60,4 % weiblich (Hobler et al. 2018). Forschungsergebnisse belegen außerdem, »dass Männer bei der häuslichen Pflege von Angehörigen häufig mit geringerem Stundeneinsatz pflegen, d. h. oftmals eine unterstützende Rolle einnehmen, während Frauen wesentlich häufiger die Hauptverantwortung für die Pflegesituation übernehmen« (ebd.). Sehr viel deutlicher zeigt sich die Geschlechterschere daher, wenn man die Menschen betrachtet, die aufgrund einer hohen Pflegetätigkeit in Teilzeit arbeiten, die sogenannten Pflegepersonen:[20] Hier lag der Frauenanteil 2016 bei 88,3 % (▶ Abb. 6).

Zwar verändert sich das Geschlechtsverhältnis langsam; so lag der Anteil der weiblichen Pflegepersonen 1996 bei fast 94 %. Dennoch ist die geschlechtsbezogene Schieflage auch aktuell noch eindeutig.

---

20 Erfasst sind Personen mit Pflichtversicherung in der gesetzlichen Rentenversicherung, die nicht erwerbsmäßig pflegen, weniger als 30 Stunden pro Woche erwerbstätig sind und mindestens 14 (ab 2016 mind. 10) Stunden pro Woche pflegen.

3 Längst kein Thema mehr? Gleichberechtigung heute

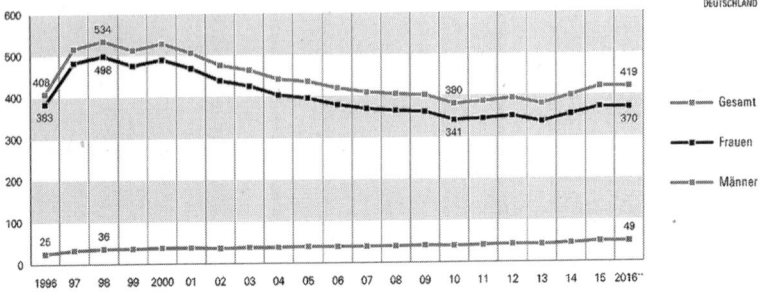

Abb. 6: Pflegepersonen in Deutschland 1996–2016, Angaben in Tausend. Quelle: WSI Gender Datenportal – Hobler et al. 2018 (redaktionell bearbeitet); Datenquelle: Statistik der Deutschen Rentenversicherung.

Maßnahmen zur Unterstützung der privaten Pflege

Auch in diesem Bereich der Sorgearbeit zielen gesetzliche Maßnahmen bislang vor allem auf finanzielle Kompensation oder eine bessere Vereinbarkeit der Pflegetätigkeit mit Erwerbstätigkeit ab. Verschiedene Pflegegesetze regeln Pflegezeit in Verbindung mit Berufstätigkeit, so z.B. das Familienpflegezeitgesetz (2011) und das Pflegzeitgesetz (2015). Durch diese sind kurzfristige Arbeitszeitreduktionen möglich, während der Lohn voll weitergezahlt wird. Wenn es aber darum geht, Pflegeaufgaben längerfristig zu übernehmen, gibt es nur die Option, sich von der Arbeit ohne Lohn freistellen zu lassen. Damit ist dann zwar der Arbeitsplatz, nicht aber die finanzielle Situation an sich gesichert. Schließlich wird die Pflegezeit zwar unter bestimmten Voraussetzungen als Rentenanspruch anerkannt, aber lediglich als Wartezeit, d.h. die Höhe der Rentenzahlung wird im Vergleich zu einer Erwerbstätigkeit negativ beeinflusst.

Und auch hier wird das eigentliche Kernproblem bislang kaum angegangen: Es sind mehrheitlich Frauen, die diese wichtige gesellschaftliche Aufgabe ausüben und kaum finanzielle Entschädigung oder Absicherung dafür bekommen.

3.4 Politische Führungspositionen

Seit 1990 wurden einige wichtige Meilensteine bei der Besetzung von politischen Führungspositionen mit Frauen erreicht: 1993 wurde mit Heide Simonis (SPD) in Schleswig-Holstein die erste Ministerpräsidentin gewählt, 2005 mit Angela Merkel (CDU) die erste Bundeskanzlerin und 2010 schließlich mit Hannelore Kraft (SPD) die erste Präsidentin des Bundesrates. Vor allem die Wahl von Angela Merkel zur Bundeskanzlerin verleitet häufig dazu, Gleichberechtigung für erreicht zu sehen. Wie im Sprichwort »Eine Schwalbe macht noch keinen Sommer« zeigt aber der detaillierte Blick, dass auch im Bereich politischer Führungspositionen das Versprechen der Gleichberechtigung noch nicht eingelöst ist.

Repräsentanz in Bundestag, Bundesrat und Bundesregierung

Frauen und Männer stellen jeweils etwa die Hälfte der Bevölkerung. In den politischen Organen ist dies jedoch nicht gleichermaßen abgebildet – und war es in den letzten Jahrzehnten auch nicht annähernd: Während im Bundestag 1983–1987 der Frauenanteil unter den Abgeordneten noch bei unter 10 % lag, stieg er innerhalb einer Dekade stark an und betrug 1994–1998 immerhin bereits 26 %. Danach aber verlangsamte sich diese Entwicklung wieder (▶ Abb. 7). 1998 konnte zwar erstmals die 30 %-Marke überschritten werden, aber nach einem Höchststand von knapp 37 % 2013, fiel der Anteil der weiblichen Abgeordneten 2017 wieder auf das Niveau von 1998 zurück. Der aktuelle Frauenanteil im Bundestag beträgt knapp 35 % (für die Legislaturperiode ab 2021). Dabei weisen die sechs Fraktionen sehr unterschiedliche Frauenanteile auf (▶ Abb. 8). Diese rei-

3 Längst kein Thema mehr? Gleichberechtigung heute

chen von 13 % bei der AFD bis 58 % bei den Grünen. Deutschland liegt mit seinem Frauenanteil bei den Bundestagsabgeordneten weltweit auf Platz 42 (Destatis o. J.).

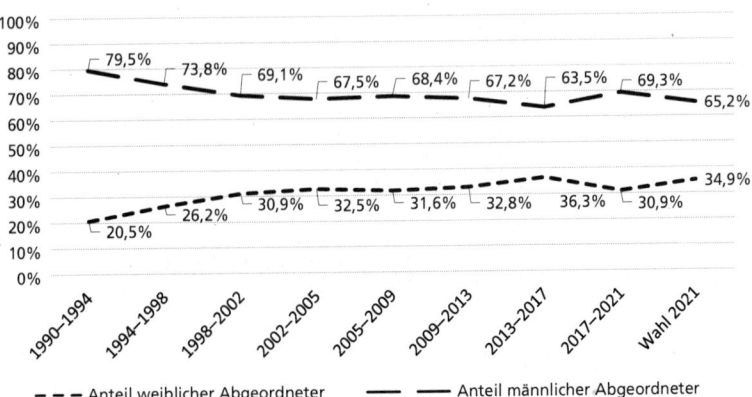

Abb. 7: Frauen- und Männeranteile im Bundestag seit 1990. Quelle: Eigene Darstellung; Datenquellen: BpB 2017 (für 1990–2017), Der Bundeswahlleiter 2022 (für 2021, eigene Berechnung).

Auch beim Regierungspersonal auf Bundesebene gibt es noch Nachholbedarf: Vor der Wahl von Angela Merkel gab es in 66 Jahren Bundesrepublik (sowie in 41 Jahren DDR) nur männliche Staatsoberhäupter. Weibliche Kabinettsmitglieder fanden sich vorrangig in den Bereichen Familie/Frauen/Jugend, Bildung/Forschung oder Gesundheit,[21] seit den 90er Jahren auch öfter als Justizministerinnen.[22] 2013 wurde Ursula von der Leyen (CDU) erste Verteidigungsministerin. Bei der Regierungsbildung 2021 verfolgte

---

21 Die erste Bundesministerin der Bundesrepublik war Elisabeth Schwarzhaupt (CDU); sie hatte 1961–1966 den Geschäftsbereich Gesundheit inne. Die erste Ministerin der DDR war Elisabeth Zaisser (SED) von 1952–1954 für den Bereich Volksbildung.
22 Hilde Benjamin (SED) war in der DDR von 1953–1967 Justizministerin.

3.4 Politische Führungspositionen

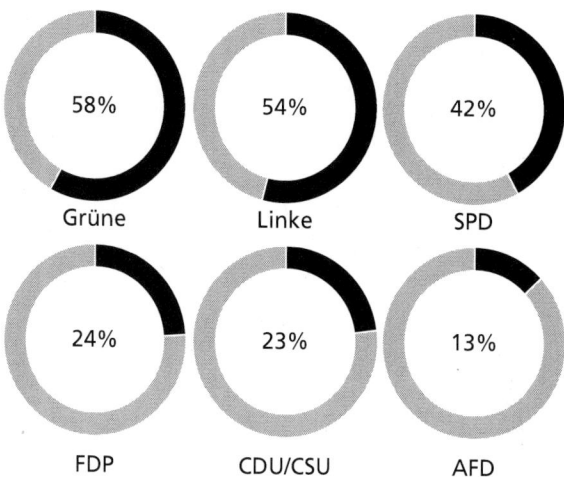

Abb. 8: Frauenanteile der Fraktionen im Bundestag 2021. Quelle: Eigene Darstellung; Datenquelle: Bundestag (28.09.2021).

Bundeskanzler Olaf Scholz (SPD) explizit den Anspruch der Geschlechterparität. Entsprechend sind tatsächlich acht von sechzehn der Bundesminister*innen weiblich, u. a. mit Annalena Baerbock (Grüne) und Nancy Faeser (SPD) als erste Außen- bzw. Innenministerin. Die Bereiche Finanzen[23] und Verkehr wurden bislang noch nie von einer Ministerin geleitet.

Im Bundesrat, der sich aus den Landeskabinetten zusammensetzt, liegt der Frauenanteil der ordentlichen Mitglieder aktuell bei einem Drittel. Dabei unterscheiden sich die Bundesländer untereinander deutlich: Sind alle drei bzw. vier Bundesratsmitglieder der Länder Rheinland-Pfalz und Mecklenburg-Vorpommern weiblich, haben Bayern, Nordrhein-Westfalen und Sachsen nur Männer in den Bundesrat entsandt. Insgesamt gab es bislang nur zwei Bundesratspräsidentinnen.

---

23 Uta Nickel (SED) war 1989/90 für kurze Zeit Finanzministerin der DDR.

Regierungen und Abgeordnete auf Landes- und kommunaler Ebene

Auf Länderebene waren die politischen Positionen bislang ebenfalls sehr ungleich verteilt: Von 1992–2021 standen an der Spitze der Bundesländer im Vergleich zu 70 Männern lediglich sieben Frauen (9 %), davon fünf von der SPD und zwei von der CDU. Nach verhaltenem Anfang zeigt sich aber auch hier eine leichte Tendenz zur besseren Repräsentanz: Mit Stand Juni 2022 werden erstmals vier Bundesländer gleichzeitig von einer Frau geführt (alle SPD). Damit hatte dennoch die Mehrzahl der deutschen Bundesländer noch nie eine Chefin. In den Länderparlamenten beträgt der Anteil der weiblichen Abgeordneten durchschnittlich 32 % (Köcher & Lukoschat 2021: 8).

Auf kommunaler Ebene sind die Frauenanteile noch schlechter: So kam 2020 eine repräsentative Umfrage zu dem Ergebnis, dass nicht einmal jedes zehnte Rathaus von einer Frau geführt wird und Bürgermeisterinnen ihre Tätigkeit auch eher in kleineren Gemeinden und im Ehrenamt ausführen (Mahler Walther & Lukoschat 2020: 7). Gleichzeitig liegt der durchschnittliche Frauenanteil in den kommunalen Vertretungsgremien bei knapp 28 % (Köcher & Lukoschat 2021: 8)

Einige Lösungsansätze – aber noch kein großer Wurf

Die Gründe für die niedrige Repräsentanz von Frauen in der deutschen Politik sind vielfältig. Eine bedeutsame Rolle spielt die fehlende Vereinbarkeit des politischen Mandats mit familiären Aufgaben: Beispielsweise kann außer in Baden-Württemberg in keinem Landesparlament oder im Bundestag Elternzeit während des Mandats genommen werden. In Thüringen musste 2020 sogar erst ein Gerichtsurteil fallen, damit Landtagsabgeordnete Säuglinge mit in den Plenarsaal nehmen können.

Zusätzlich ist Sexismus und sexuelle Belästigung im politischen Betrieb weit verbreitet. So deckt beispielsweise eine aktuelle Studie die hohe Prävalenz von sexueller Belästigung in der Politik auf: 40 % der befragten Politikerinnen haben demnach bereits sexuelle Belästigung erlebt, bei den unter 45-Jährigen sind es sogar 60 % (Köcher & Lukoschat 2021: 43).

Diese Probleme kann nur ein umfassender Kultur- und Strukturwandel lösen, der wiederum daran geknüpft ist, mehr Frauen auf politischen Posten zu haben. Wie in anderen Bereichen, in denen es um mehr Frauen in Führungspositionen geht, setzt man aber zunächst insbesondere in der Kommunalpolitik auf Mentoringprogramme, wie das Programm des Helene-Weber-Kollegs oder das neue »Aktionsprogramm Kommune – Frauen in die Politik«.

Darüber hinaus haben die größten deutschen Parteien mittlerweile auch mit strukturellen Maßnahmen wie quotierenden Selbstverpflichtungen reagiert. Am ambitioniertesten sind bislang Regelungen der Grünen, die sich eine paritätische Besetzung auch in Form von Doppelspitzen vorschreiben. Nachdem unter den fraktionsstärksten Parteien die CDU lange Zeit das Schlusslicht diesbezüglich war, wurde auf dem CDU-Parteitag im September 2022 eine Frauenquote von zunächst 33 % beschlossen. Diese Quote wird schrittweise angehoben und soll im Jahr 2025 50 % betragen. Die FDP und die AfD sind die einzigen aktuell im Bundestag vertretenen Parteien, die keine Quotenregelungen dieser Art haben. Im Bundestag ab 2021 sind es entsprechend v. a. die Parteien mit aktuell bereits weitreichender Quotierung, die einen hohen Frauenanteil aufweisen – und die damit auch den Anteil der weiblichen Bundestagsabgeordneten insgesamt heben.

Eine umfassende Maßnahme für mehr Frauen in politischen Führungspositionen wäre die Änderung der Wahlgesetzgebung und die Verankerung fester Geschlechterquoten. In Thüringen und Brandenburg 2019 verabschiedetes Paritätsgesetze wurden jedoch von den Landesverfassungsgerichten für verfassungswidrig erklärt. Daher bleibt bis auf Weiteres der Frauenanteil in den Parlamenten eng daran geknüpft, in welchem Umfang bestimmte Parteien gewählt werden, und ein großer Kulturwandel hin zu einer gleichberechtigten politischen Teilhabe ist bis auf Weiteres nicht zu erwarten.

4

Herausforderungen und Perspektiven für Gleichberechtigung im 21. Jahrhundert

In den vorherigen Kapiteln ist deutlich geworden, dass in Bezug auf Gleichberechtigung bereits viel erreicht wurde, wenn auch noch immer nicht von gleichen Möglichkeiten für Männer und Frauen in Deutschland gesprochen werden kann. In diesem Kapitel werden abschließend Thematiken beleuchtet, die in besonderer Weise moderne Geschlechterverhältnisse bestimmen und die zugleich dringend zu bewältigende Herausforderungen für die Gleichberechtigung darstellen. Ein kurzes Fazit schließt dieses Buch ab.

4.1 Care-Arbeit: Die ungelöste gesellschaftliche Aufgabe

Nicht erst seit der Corona-Pandemie lässt sich nicht mehr ignorieren, dass die im 19. Jahrhundert mit der Entwicklung des Kapitalismus entstandene Trennung von Haus- und Erwerbsarbeit, von sogenannter Produktions- und Reproduktionsarbeit, zu Lasten von Frauen, und insbesondere Müttern, geht. Zwar verringern sich Ungleichheiten im beruflichen Bereich zwischen Männern und Frauen, in der Care-Arbeit aber bleibt die einseitige Belastung und Zuständigkeit bei Frauen bzw. Müttern.

Care-Arbeit umfasst vieles, was gesellschaftlich und privat wichtig ist: die Kinder erziehen, sich um Einkäufe für die Familie kümmern, Kochen, die Wohnung oder das Haus sauber halten, kleine Instandhaltungsarbeiten oder Reparaturen vornehmen, soziale Kontakte halten, sich um kranke Freund*innen oder ältere Angehörige kümmern und diese gegebenenfalls pflegen. Nicht zu unterschätzen ist dabei auch der sogenannte *mental load*, also die kognitive Belastung, die daher rührt, anstehende Aufgaben und Termine organisiert zu halten. Care-Arbeit oder Sorgearbeit ist also nicht nur ein Anhängsel von Produktionsarbeit, oder bloß notwendig, um die Arbeitskraft von Menschen zu erhalten. Sie ist Zentrum menschlicher Bedürfnisse und Wünsche, und wesentlich für den gesellschaftlichen Zusammenhalt. Im Kern geht es um Fürsorge – für andere, aber auch für sich selbst. Diese Fürsorgearbeit ist weiblich konnotiert: Zum einen wird angenommen, dass Frauen in besonderer Weise dafür geeignet sind. Zum anderen wird diese Arbeit häufig nicht als Lohnarbeit eingeordnet, sondern als eine Tätigkeit, die aus Liebe zu Menschen und Kindern ausgeübt wird. Diese Einordnung gilt nicht nur für unentgeltlich geleistete Fürsorgearbeit – auch bezahlte Care-Arbeit wie Kinderbetreuung, Pflege oder Reinigung wird überwiegend von Frauen ausgeübt und vergleichsweise schlecht bezahlt.

Zugleich ist in den letzten Jahren zu beobachten, dass die Sorgearbeit zunehmend umverteilt wird. Zum Teil geschieht dies durch den Ausbau von Kinderbetreuung, insbesondere für unter Dreijährige oder für Schulkinder am Nachmittag. Zum großen Teil aber müssen Familien sehen, wie sie die Arbeit privat abgeben können. Abgegeben wird die Sorgearbeit vorrangig an andere Frauen. Dies können Großmütter sein. Insbesondere aber von gutverdienenden Familien wird die Arbeit an Frauen aus anderen Ländern delegiert. So vielfältig wie die Care-Arbeiten sind, so vielfältig ist hierbei auch die Auslagerung und Umverteilung. Für die Kinderbetreuung wird auf Au-Pairs zurückgegriffen und für andere Haushaltsarbeiten werden migrantische Putzfrauen beschäftigen. Insbesondere die Anzahl von Au-Pairs in Privathaushalten, dabei vor allem aus Nicht-EU-Ländern, stieg in den letzten Jahren vor der Covid-Pandemie stark an – von 2013 bis 2019 um insgesamt ca. 50 % (Walter-Bolhöfer 2021: 5). Krankenpflegerinnen aus Osteuropa kümmern sich um Angehörige in Live-in-Arrangements, und um dem Fachkräftemangel auch in der klinischen Pflege zu begegnen, werden durch aufwändige Programme – v. a. weibliche – Arbeitskräfte auch aus dem außereuropäischen Ausland rekrutiert (vgl. z. B. NDR 2021).

Ungleichheiten werden so nicht abgebaut und verringert, sondern vielmehr (trans-)national verschoben. Insbesondere diejenigen, die in Privathaushalten arbeiten, werden in eine in mehrfacher Hinsicht prekäre Position gedrängt, denn beinahe 90 % dieser Erwerbstätigkeit ist Schwarzarbeit (Enste 2019). Die Migrantinnen haben damit auch keinen Zugang zu Arbeitnehmerinnenrechten: Fehlendes Gehalt kann nicht eingeklagt und auf Urlaubs- oder Krankheitstage kein Anspruch erhoben werden. Diese Form der Erwerbsarbeit entzieht sich staatlicher Kontrolle auch deswegen, weil sie im Schutz der Privatsphäre der Wohnung stattfindet. Sorge-Arbeit bleibt auch in der Umverteilung ›private‹ Arbeit. Transnational entwickeln sich so zudem neue Ungleichheiten, indem die Sorgeaufgaben der migrierenden Frauen wiederum anders verteilt werden müssen. So spricht man auch von einer *global care chain*,

4.1 Care-Arbeit: Die ungelöste gesellschaftliche Aufgabe

d. h. einer globalen Versorgungskette, in der Frauen über die Welt verteilt Fürsorgearbeit leisten. Der *Equal Care Day* am Schalttag 29. Februar verweist auf die unsichtbare Arbeit, die viermal so häufig von Frauen wie von Männern geleistet wird. Netzwerke wie »Care Revolution«[24] setzen sich mit strukturellen Ursachen der Ungleichheit zwischen Männern und Frauen verschiedener Herkünfte oder Milieus auseinander und entwickeln neue Ideen, wie Gesellschaften aussehen können, in der wichtige Arbeit richtig bewertet wird und Rollenzuweisungen aufgebrochen werden. Die Vorschläge dafür sind vielfältig. Für eine Neubewertung von Fürsorgearbeit braucht es z. B. eine faire Bezahlung von (entlohnter) Fürsorgearbeit, oder auch Lohnarbeitszeitmodelle, die genügend Zeit für Fürsorgearbeit lassen. Zudem muss mit einbezogen werden, dass eine Ungleichheit nicht einfach dadurch verschwindet, dass sie quasi ausgelagert wird und dadurch andere Frauen und Männer betrifft. Für eine gleichberechtigte Gesellschaft sind diese Entwicklungen zentral. Nicht nur, weil die ungleiche Verteilung von Sorge- und Erwerbsarbeit zwischen den Geschlechtern Folgen hat für die soziale Absicherung, die Karrierechancen und die gesellschaftlichen Partizipationschancen von Frauen und Männern. Sondern auch, weil Fürsorgearbeit ganz grundlegende menschliche Bedürfnisse umfasst und zugleich einen Grundpfeiler des gesellschaftlichen Zusammenhalts darstellt. Um allen Menschen die Möglichkeit zu geben, diese Bedürfnisse zu erfahren und z. B. genügend Zeit zu haben, um sich um Kinder oder Eltern, Freund*innen oder Nachbar*innen zu kümmern, braucht es Veränderungen, die dies anerkennen. All dies bedeutet aber auch, das Verhältnis von Erwerbsarbeit und sogenannter ›privater‹ Arbeit neu zu denken.

---

24 Siehe https://care-revolution.org (zuletzt abgerufen am 17.11.2022).

4.2 Gewalt im Geschlechterverhältnis

Vergeschlechtlichte Gewalt ist Symptom und Teil eines problematischen Geschlechterverhältnisses. Carol Hagemann-White definiert sie als »jede Verletzung der körperlichen oder seelischen Integrität einer Person, welche mit der Geschlechtlichkeit des Opfers, wie des Täters zusammenhängt und unter Ausnutzung eines Machtverhältnisses durch die strukturell stärkere Person zugefügt wird« (1997: 29). Vergeschlechtlichte Gewalt ist eine Menschenrechtsverletzung, wie in der Istanbul Konvention von 2011, einer vom Europarat verabschiedeten verbindlichen Völkerrechtskonvention, festgehalten wurde.

Die Ursachen für Gewalt im Geschlechterverhältnis sind vielfältig und durchaus komplex. Gewalt von Männern gegen Frauen stammt sicherlich aus patriarchalen Konzepten von Männlichkeit und Weiblichkeit, in denen männlicher Besitz und die Verfügung über weibliche Körper und über Frauen als gegeben angesehen werden. Gewalt ist dann eine Form, diesen Besitz zu verteidigen oder aber wie bei Partnerschaftsgewalt Frauen dafür zu bestrafen, dass sie sich dem widersetzen. Ein schreckliches Beispiel dafür sind Morde nach dem Ende einer Partnerschaft: Frauen werden ermordet, weil sie den Beziehungswünschen (und damit Besitzansprüchen) des Mannes nicht mehr entsprechen wollen. Gewaltausübung von Männern – so etwa auch der Kriminologe Christian Pfeiffer – kann auch eine Art schlimmes Krisensymptom derjenigen Männer sein, die sich durch den Verlust männlicher Dominanz und durch die wachsende Stärke von Frauen bedroht fühlen (Pfeiffer & Hecht 2022). Ausgeübte Gewalt hängt auch mit eigenen Gewalterfahrungen in der Kindheit zusammen. Wer als Kind selbst Opfer von Gewalt wurde, wendet später deutlich häufiger Gewalt an.

4.2 Gewalt im Geschlechterverhältnis

Formen und Verbreitung vergeschlechtlichter Gewalt

Vergeschlechtlichte Gewalt nimmt ganz unterschiedliche Formen an und trifft Menschen aus allen Schichten und aller Herkünfte. Sie trifft Frauen und LGBTIQ+-Personen deutlich häufiger als Männer; zugleich wird diese Gewalt mehrheitlich von Männern ausgeübt: In Deutschland wird etwa jede vierte Frau mindestens einmal Opfer körperlicher oder sexualisierter Gewalt durch ihren aktuellen oder früheren Partner und fast die Hälfte der Mädchen und Frauen mit Behinderung erleben sexuelle Gewalt (BMFSFJ 2021d).

Eine der häufigsten Formen vergeschlechtlichter Gewalt ist häusliche Gewalt, d. h. Gewalt gegenüber (Ex-)Partner*innen, unabhängig davon, ob beide noch zusammenleben oder nicht. Diese Gewalt hat in den letzten Jahren wieder zugenommen, insbesondere seit der Corona-Pandemie: 2021 wurden 161.000 Opfer häuslicher Gewalt registriert, davon rund zwei Drittel Frauen (Tagesschau 2022). Dabei ist gleichzeitig von einer hohen Dunkelziffer auszugehen. Nicht nur, weil die Pandemie es schwer gemacht hat, unbeobachtet von Partner*innen Schutz zu suchen oder zu telefonieren, sondern auch, weil Gewalt nach wie vor mit Scham besetzt ist und viele Opfer deswegen keine Hilfe in Anspruch nehmen. Aber auch ohne die Pandemie sind besorgniserregende Entwicklungen zu beobachten. Christian Pfeiffer spricht von einer Verdopplung der schweren körperlichen häuslichen Gewalt gegen Frauen seit 2000, auch Vergewaltigungen in der Partnerschaft sind von 2017 bis 2021 um ein Viertel gestiegen. 2020 wurden in Deutschland 139 sogenannte Feminizide verübt, d. h. etwa jeden dritten Tag wird eine Frau durch einen Mann vorsätzlich getötet, weil sie eine Frau ist (Lehnert & Gerberding 2022).

(Vergeschlechtlichte) Gewalt gegen Männer

Gewalt gegen Männer ist in vielerlei Hinsicht ein problembehaftetes Thema. Männer scheinen als Opfer von Gewalt nach wie vor gesellschaftlich nur schwer vorstellbar, ihre Gewalterfahrungen werden nicht auf gleiche Weise wahrgenommen wie Gewalt gegen Frauen, und sie sind deshalb schwerer thematisierbar.

Männliche Normalität	Wahrnehmbarer Bereich der Gewalt gegen Männer	Nicht Männlich – von der Norm abweichend
(zu normal, zu männlich)		(zu schambesetzt, zu unmännlich)

Abb. 9: Wahrnehmung von Gewalt gegen Männer zwischen ›normaler‹ und ›nicht normaler‹ Männlichkeit. Quelle: Eigene Darstellung nach BMFSFJ 2004: 18.

Kern des Problems sind dabei Männlichkeitskonstruktionen, die Männern generell Härte zusprechen und bestimmte Formen von Gewalt wie Prügeln, körperliche Auseinandersetzungen und Beschimpfungen als ›normalen‹ männlichen Ausdruck fassen. So werden einige Gewalterfahrungen als männliche Normalität verharmlost, während andere als unmännliche Abnormalität schambesetzt werden (▶ Abb. 9). Als Mann eine Erfahrung tatsächlich als Gewalt gegen sich selbst wahrzunehmen, ist in diesem gesellschaftlichen Kontext sehr schwer.

Von den Opfern häuslicher Gewalt, die in die polizeiliche Statistik eingehen, waren 2021 etwa ein Drittel männlich. Hierbei unterscheiden sich Gewaltformen, die Männer und Frauen erleben. In heterosexuellen Beziehungen ist die erlebte Gewalt von Männern häufiger psychische als körperliche oder sexualisierte Gewalt. Gleichzeitig ist gerade die körperliche oder sexualisierte geschlechtsbezogene Gewalt gegen Männer durch Frauen sehr stark schambesetzt für Männer und kaum vorstellbar für die Gesellschaft als Ganzes.

Digitale Medien und (neue) Formen vergeschlechtlichter Gewalt

Digitale Medien haben neue Varianten sexualisierter und frauenfeindlicher Gewalt hervorgebracht. *Revenge Porn* z. B. beschreibt die Veröffentlichung von Nacktfotos oder -videos gegen den Willen der betroffenen Person. Insbesondere Ex-Partner verstehen dies als Bestrafung ihrer früheren Partnerin. Zwar sind die großen Social-Media-Plattformen (Facebook, Instagramm, Snapchat) verpflichtet, solche Inhalte zu löschen, und es gibt auch Möglichkeiten der strafrechtlichen Verfolgung, dennoch ist die vermutete Dunkelziffer sehr hoch, da sich viele Mädchen und Frauen schämen und nicht trauen, damit an die Öffentlichkeit zu gehen.

Auch andere Formen digitaler geschlechtsbezogener Gewalt nehmen weltweit und in Deutschland zu, allen voran die sogenannte *Hate Speech* und Gewaltandrohungen gegenüber Frauen des öffentlichen Lebens, mit deren politischen Meinungsäußerungen man nicht übereinstimmt. Diese Frauen werden von Männern auf Internetforen oder Sozialen Medien mit Gewalt bis hin zu Mord bedroht, auch in Zusammenhang mit der Veröffentlichung privater Adressen, oder mit Vergewaltigungsfantasien konfrontiert. Besonders das Überschütten einer Person mit zahlreichen persönlich verletzenden oder bedrohlichen Kommentaren, ein sogenannter *Shit Storm*, ist hier ein probates Mittel der Einschüchterung. Laut der Initiative »HateAid«, die Opfer von Hass in Internet unterstützt, richtet sich ein Drittel aller Beschimpfungen bei Frauen gegen ihr Geschlecht, während dies bei Männern kaum der Fall ist (Emma 2021).

Eine Folge dieser Gewaltausübung ist, wie auch bei anderen Formen geschlechtsbezogener Gewalt, dass Frauen aus öffentlichen Räumen vertrieben werden oder dort zurückhaltender agieren und – auch sachbezogene – Konfrontation v. a. mit Männern eher vermeiden. In einer pluralistischen Gesellschaft wie Deutschland stellt dieses Mundtotmachen eine besondere Gefahr für die demokratischen Grundstrukturen dar.

4 Herausforderungen und Perspektiven für Gleichberechtigung

Möglichkeiten und Grenzen der Bekämpfung vergeschlechtlichter Gewalt

Vergeschlechtlichte Gewalt zu bekämpfen und damit auch dem Anspruch der Gleichberechtigung der Geschlechter gerecht zu werden, wird auch dadurch erschwert, dass insbesondere Gewalt in (ehemaligen) Partnerschaften häufig immer noch als etwas Privates verstanden wird und nicht als etwas, das gesellschaftliche Verhältnisse angeht bzw. eine strafbare Handlung ist. So wurde erst 1997 Vergewaltigung in der Ehe strafbar (▶ Kap. 2.5). Anhaltender Ausdruck dieses Missverhältnisses v. a. in der medialen Berichterstattung bleibt die Verharmlosung gewaltsamer Konflikte in Partnerschaften oder sogar Feminiziden als ›Beziehungstaten‹ oder ›Beziehungsdramen‹. Es wird Verständnis für Täter suggeriert oder den Opfern kein Glauben geschenkt. Hinzu kommt eine unzureichende Gesetzeslage zur Strafverfolgung, die oft nicht schnell genug den immer neuen Formen insbesondere der digitalen und zum Teil anonymisierten Gewalt angepasst wird oder erst gegen Widerstand durchgesetzt werden muss.

Upskirting und Downblousing

Mit ›Upskirting‹ und ›Downblousing‹ ist das heimliche oder unerwünschte Fotografieren oder Filmen unter den Rock oder in den Ausschnitt gemeint. Dies passiert vor allem in der Öffentlichkeit, beispielsweise auf Rolltreppen, in Toilettenräumen oder in Menschenmengen, ist mit Smartphones mittlerweile so leicht und unbemerkt umzusetzen wie nie und ist nicht selten verbunden mit der Verbreitung im Internet oder auch dem Verkauf des Bildmaterials. Lediglich als Ordnungswidrigkeit geltend, konnten solche Handlungen in Deutschland lange nicht strafrechtlich verfolgt werden.

Im Mai 2019 starteten zwei Frauen, Hanna Seidel und Ida Marie Sassenberg, nach einem Vorbild aus Großbritannien eine Online-Petition, um Upskirting auch in Deutschland strafbar zu machen. Diese Petition erhielt über 100.000 Unterschriften und führte dazu, dass sich die Bundesregierung mit dem Thema befasste. 2020 wurde das Strafgesetzbuch durch die Einfügung von Paragraf 184k so erweitert, dass diese »Verletzung des Intimbereichs durch Bildaufnahmen« ebenfalls strafbar ist: »wer absichtlich oder wissentlich von den Genitalien, dem Gesäß, der weiblichen Brust oder der diese Körperteile bedeckenden Unterwäsche einer anderen Person unbefugt eine Bildaufnahme herstellt oder überträgt, soweit diese Bereiche gegen Anblick geschützt sind«, kann seit 2021 mit Geldstrafe und bis zu zwei Jahren Freiheitsentzug bestraft werden.

#MeToo – Öffentlichkeit und Solidarität

Wie wichtig internationaler Zusammenhalt und eine große mediale Öffentlichkeit ist, um tatsächlich Änderungen zu erreichen, wird an der Geschichte von #MeToo deutlich. Der Hashtag #MeToo ist zuerst 2006 von Tarana Burke in einem sozialen Netzwerk verwendet worden, um mit einer Kampagne afroamerikanische Frauen zu unterstützen, ihre Erfahrungen mit sexuellem Missbrauch miteinander zu teilen. 2017 erreichte er weltweite Berühmtheit. Harvey Weinstein, ein einflussreicher US-amerikanischer Medienproduzent, wurde von mehreren Frauen der Vergewaltigung und sexuellen Belästigung beschuldigt. Kontexte und gesellschaftliche Kulturen, in denen personale Abhängigkeitsverhältnisse sehr stark ausgeprägt sind, wie z. B. die Medienbranche oder auch die Politik, sind besonders anfällig für Übergriffe. Alyssa Milano, Schauspielerin und Freundin eines der Opfer, benutzte den Hashtag, um über Twitter Frauen aufzurufen, ihre Geschichten zu teilen und auf die Alltäglichkeit von Belästigung aufmerksam zu machen. Der Hashtag bekam schnell eine weltweite Reichweite, Millionen von Frauen und Männern teilten ihre Erfahrungen mit sexualisierter Belästigung, Vergewaltigung und Missbrauch. Die mediale Öffentlichkeit und die millionenfache Verbreitung dieser Erfahrungen machten sichtbar, dass diese Gewalt strukturell verankert ist. Zugleich wurde deutlich, dass einzelnen Frauen zu oft nicht geglaubt wurde. Erst dadurch, dass viele Frauen zusammen auf die systematische Gewalt aufmerksam gemacht haben, wurde das Thema öffentlich ernst genommen.

Die Silvesternacht in Köln und die Verschärfung des Sexualstrafrechts

Eine problematische rassistische Instrumentalisierung sexualisierter Gewalt hat als Folge der sogenannten Silvesternacht in Köln 2015/16 stattgefunden. In der Neujahrsnacht wurden mehrere hundert Frauen von Männern sexuell belästigt, begrabscht, zum Teil sexuell genötigt und vergewaltigt. In großem Ausmaß wurden Frauen auch ausgeraubt. Die Polizei ignorierte die Hilferufe der Einsatzkräfte vor Ort zuerst, und schritt zu spät ein.

In der Folge dieser Nacht entstand ein medialer Diskurs, der sexualisierte Übergriffe und Gewalt eng mit der ›Kultur‹ der beteiligten Männer verband. Ein Beispiel dafür liefert die *Süddeutsche Zeitung* mit einer Grafik auf dem Titelblatt der Wochenendausgabe vom 9. Januar 2016 sowie einer Online-Werbung für diese Ausgabe, die diese Grafik prominent in den Vordergrund rückte: Ein schwarzer Arm greift zwischen zwei weiße Frauenbeine. Für die Darstellung hat sich die Zeitung später entschuldigt. Thematisiert und skandalisiert wurde angeblich kulturell bedingte Geschlechterungleichheit zwischen Männern und Frauen: Der migrantische ›Fremde‹ gilt in dieser Denkweise als einer unzivilisierten und frauenverachtenden Kultur verhaftet. Er sei nicht in der Lage, gleichberechtigt und respektvoll mit Frauen umzugehen, und passe damit nicht zur aufgeklärten deutschen Gesellschaft.[25] Gleich-

---

25 Dahinter steht das Konstrukt des ›kulturellen Rassismus‹. Damit wird eine rassistische Ideologie bezeichnet, die statt von unvereinbaren Rassen von unvereinbaren Kulturen ausgeht. Kulturelle Unterschiede werden als starr und unveränderbar verstanden und Kultur wird so zur Natur eines Menschen. Demnach seien andere Kulturen, insbesondere die als muslimisch/arabisch markierten Kulturen, unvereinbar mit ›der deutschen Kultur‹ und aufgrund dieser sozusagen sozialen Vererbung passen zuge-

4.2 Gewalt im Geschlechterverhältnis

zeitig wird sexualisierte Gewalt damit etwas, das lediglich ›importiert‹ ist und in der ›deutschen Kultur‹ nicht vorkommt.

Die Ereignisse der Silvesternacht sowie ihr mediales und gesellschaftliches Echo hatten konkrete Folgen: Schon lange forderten feministische Gruppen und Verbände eine Verschärfung des Sexualstrafrechts. Ziel war es, das ›Nein heißt Nein‹-Modell rechtlich zu verankern. Sexualisierte Übergriffe, Nötigung oder Vergewaltigung konnten bis 2016 nur dann bestraft werden, wenn die Tat durch Drohung oder Gewalt durchgeführt wurde; ein geäußertes ›Nein‹ des Opfers reichte nicht aus. Nach der Silvesternacht aber wurde das Delikt »Sexueller Übergriff« (§ 177 StGB) aufgenommen. Zusätzlich wurden »Straftaten aus Gruppen« (§ 184j StGB) eingeführt, und auch Abschiebungen aufgrund von Strafen im Sexualstrafrecht erleichtert.

Gewaltbekämpfung für mehr Gleichberechtigung: Viel zu tun auf allen Ebenen

So wichtig diese Änderungen des Sexualstrafrechts auch waren und sind, ist die Kopplung an rassifizierende Stereotype fatal, denn sie verschleiert die Notwendigkeit, sich gesamtgesellschaftlich mit dem wirklichen Ausmaß und den Ursachen der vergeschlechtlichten Gewalt zu beschäftigen. Darauf machte auch das feministische Bündnis #ausnahmslos aufmerksam:

> »Statt ungerechte Geschlechterstrukturen, strukturelle Macht und problematische Männlichkeitsbilder differenziert, auch mit den verbundenen kulturellen und weltanschaulichen Hintergründen, in den Blick zu nehmen, wird das Problem seit Köln allzu oft pauschal mit bestimmten Religionen oder Herkunftsländern von Tätern in Verbindung gebracht.« (Jasna Strick, zit. nach ausnahmslos 2016)

Von vergeschlechtlichter Gewalt betroffen sind Frauen aller Herkünfte und Milieus (BMFSFJ 2014). Für eine gleichberechtigte Ge-

---

wanderte, geflüchtete oder auch in zweiter oder dritter Generation in Deutschland lebende Menschen nicht nach Deutschland.

sellschaft, in der alle Personen ohne Angst vor Gewalt leben und teilhaben können, bedarf es daher der Veränderung auf vielen Ebenen: die Anerkennung, dass vergeschlechtlichte Gewalt ein Problem der gesamten Gesellschaft ist; Aufklärung zu und Prävention von Geschlechterrollen, die Männlichkeit mit Härte assoziieren; eine Enttabuisierung von erlebter (sexualisierter) Gewalt für Männer und Frauen; ausreichend Ressourcen, um Betroffene zu schützen; und insbesondere eine informierte und aufgeklärte Haltung in allen beteiligten Institutionen, so dass mit den Betroffenen respektvoll umgegangen und Straftaten klar geahndet werden.

Sexualisierte Gewalt als Kriegswaffe

Der Krieg gegen die Ukraine hat es erneut in das öffentliche Bewusstsein gerückt, allerdings ist das Phänomen nicht neu, sondern in vielen Kriegen Teil einer gezielten Strategie der Angreifer: Sexualisierte Gewalt und Vergewaltigung wird als Kriegswaffe eingesetzt. Getroffen werden hauptsächlich Frauen und Kinder, aber natürlich sind auch Männer Opfer von Vergewaltigungen und sexualisierter Gewalt. Sexualisierte Gewalt gibt es in Form von (Massen-)Vergewaltigungen, Verschleppungen in Zwangsbordelle, wie z. B. in den Jugoslawienkriegen, oder auch Vergewaltigungen vor den Augen von Angehörigen.

Auch in Deutschland spielte diese Form der geschlechtsbezogenen Kriegsgewalt eine Rolle, obgleich die historische Auseinandersetzung damit bislang kaum erfolgt zu sein scheint. So wurden rund um das Ende des Zweiten Weltkrieges sowohl von sowjetischen als auch US-amerikanischen und französischen Soldaten geschätzt etwa zwei Millionen Frauen und Mädchen vergewaltigt (Sontheimer 2018; Kaminsky 2020: 31).

Sexualisierte Gewalt ist also kein Nebenprodukt eines Krieges, sondern ist Teil militärischen Handelns. Ziel ist die Demütigung und Vernichtung des Feindes und die Zerstörung sozialer Strukturen. Auch bei ethnischen Säuberungen oder Genoziden ist sexualisierte Gewalt Teil der Strategie. Die Scham, Frauen nicht schützen zu können, oder auch die Furcht vor Vergewaltigungen, treibt Menschen in die Flucht. Und Vergewaltigungen und daraus entstehende Schwangerschaften von Frauen treffen diese mehrfach: Zu den erlittenen Traumata kommt die soziale Stigmatisierung durch die Schwangerschaft, zum Teil auch verbunden mit dem Verstoß aus der eigenen Gesellschaft. Sexualisierte Gewalt ist erst seit den 1990er Jahren, nach den Jugoslawienkriegen und nach dem Genozid in Ruanda, expliziter Bestandteil juristischer Verfolgung und Bestrafung. Schätzungen gehen davon aus, dass in Ruanda 100.000 bis 250.000 Mädchen und Frauen Opfer sexualisierte Gewalt geworden sind. 2002 wird sexualisierte Gewalt ein eigener Strafbestandteil am Internationalen Gerichtshof in Den Haag (Auer 2022). Und 2008 stellt der UN-Sicherheitsrat in der Resolution 1820 fest, dass »Vergewaltigung und andere Formen sexueller Gewalt ein Kriegsverbrechen, ein Verbrechen gegen die Menschlichkeit oder eine die Tatbestandsmerkmale des Völkermords erfüllende Handlung darstellen können« (Vereinte Nationen 2008: 165).

4.3 Gleichberechtigung aller Geschlechter und sexueller Identitäten

Für eine demokratische Gesellschaft ist die Gleichberechtigung aller Geschlechter und aller sexueller Identitäten (mit-)entscheidend. Hier sind in den letzten Jahren in Deutschland entscheidende Erfolge erzielt worden. Zugleich bleibt die Arbeit für eine diskriminierungsfreie Gesellschaft und gegen Vorurteile und Benachteiligung ein wesentliches Handlungsfeld geschlechterpolitischer Arbeit.

Einige Begriffe geschlechtlicher und sexueller Identität

- Heterosexuell: bezeichnet Menschen, die nur Menschen des anderen Geschlechts begehren (d. h., man geht auch davon aus, dass es nicht mehr als zwei Geschlechter gibt).
- Homosexuell: bezeichnet Menschen, die nur Menschen des eigenen Geschlechts begehren.
- Bisexuell und Omni-/Pansexuell: bezeichnet Menschen, die Menschen beider Geschlechter (bisexuell) oder aller Geschlechter bzw. unabhängig vom Geschlecht (omni-/pansexuell) begehren.
- Intersexuell: bezeichnet Menschen, die bei der Geburt aufgrund biologischer geschlechtlicher Merkmale nicht eindeutig dem männlichen oder dem weiblichen Geschlecht zugehörig sind.
- Transgender (früher: Transsexuell): bezeichnet Menschen, deren Geschlechtsidentität von dem abweicht, was bei der Geburt für sie eingetragen wurde. Das Gefühl, ›im falschen Körper‹ geboren zu sein, scheint häufig schon sehr früh im Leben aufzutauchen. Oft unterziehen sich Transfrauen und Transmänner Hormonbehandlungen und geschlechtsverändernden Operationen, um Geschlechtsidentität, Aussehen und äußere Geschlechtsorgane kongruent werden zu lassen. Menschen, die sich mit dem Geschlecht identifizieren, das ihnen bei der Geburt zugeschrieben wurde, werden auch als Cis-Frauen und Cis-Männer bezeichnet.
- Nicht-Binär: bezeichnet Menschen, deren Geschlechtsidentität weder eindeutig männlich noch eindeutig weiblich ist. Gemeint ist hierbei das soziale Geschlecht und weniger die biologischen Geschlechtsmerkmale. Nicht-binäre Personen wollen oder können sich nicht (auf Dauer) einem dieser beiden Geschlechter zuordnen und wechseln beispielsweise zwischen ›männlich‹ und ›weiblich‹ oder haben eine ganz andere Geschlechtsidentität, die dann auch die Nutzung eines anderen

4.3 Gleichberechtigung aller Geschlechter und sexueller Identitäten

> Personalpronomens als »sie« oder »er« nach sich ziehen kann.
> - LGBTIQ+-Personen (aus dem Englischen für *lesbian, gay, bisexual, transgender, intersexual, queer* – das ›+‹ steht für weitere Identitäten): eine übergreifende Bezeichnung für Menschen, die nicht heterosexuell sind und nicht in die zugeschriebene Zweigeschlechtlichkeit von weiblich/männlich passen. Hierfür hat sich auch zunehmend ›Queer‹ als Oberbegriff etabliert.

Eindeutig ›männlich‹ oder ›weiblich‹?

Mädchen oder Junge, männlich oder weiblich? Lange wurde diese Frage eindeutig beantwortet. Spätestens bei der Geburt, in der Regel schon bei einer der Ultraschalluntersuchungen während der Schwangerschaft, wird anhand der äußeren Geschlechtsmerkmale des Kindes das Geschlecht ›festgestellt‹. Tatsächlich aber ist die Sache gar nicht so einfach. Die Geschlechtszugehörigkeit von Menschen ist, so zeigt die Systembiologie, bimodal, nicht binär. Binär bedeutet, dass Menschen entweder weiblich oder männlich sind. Bimodal meint, dass es ein Kontinuum gibt, auf dem sich das genetische und morphologische Geschlecht, die sexuelle Orientierung (wen ich begehre) oder auch die Geschlechtsidentität (wie ich mich selbst sehe) bewegen.[26]

Manchmal, vor allem bei den äußeren Geschlechtsorganen, fällt schon bei der Geburt auf, dass die Zuordnung zu einem Geschlecht nicht so einfach ist. Manchmal ist dies aber auch erst später der Fall, wenn z.B. mit Eintritt der Pubertät deutlich wird, dass die hormonelle Ausstattung der Person eine andere ist. Das kann sich

---

26 Die Systembiologie spricht von fünf Kategorien, aus denen sich die Geschlechtszugehörigkeit von Menschen entwickelt: dem genetischen Geschlecht, dem morphologischen Geschlecht, der sexuellen Orientierung, der Geschlechtsidentität und dem Ausdruck des Geschlechtsempfindens (Mahr 2022).

z. B. in der Entwicklung von Brüsten bei Kindern zeigen, die als Jungen aufgewachsen sind, oder wenn bei Kindern, die als Mädchen aufgewachsen sind, keine Menstruation eintritt. Menschen mit einer nicht eindeutig dem männlichen oder weiblichen Geschlecht zuordenbaren Geschlechtszugehörigkeit bezeichnet man als intersexuelle Menschen.[27]

Die Herstellung von Zweigeschlechtlichkeit als medizinische Aufgabe

Intersexualität wurde in der Geschichte nicht immer als Krankheit und als Störung der Geschlechtsentwicklung verstanden, die es zu heilen galt. Sogenannte Hermaphroditen galten im Mittelalter z. B. als ein eigenes Geschlecht und als etwas Besonderes (dazu Krämer & Sabisch 2019: 1214). Ein Geschlechtswechsel im Erwachsenenalter war möglich, und die Existenz von Inter*-Personen verwies auf das Kontinuum von Geschlecht, in der Männlichkeit und Weiblichkeit bimodal als Pole verstanden wurden.

Dies änderte sich insbesondere mit den im 20. Jahrhundert neuen medizinischen Möglichkeiten, mithilfe derer intersexuelle Menschen zunehmend geschlechtsangleichenden Operationen unterzogen wurden. Dies wurde zu Beginn hauptsächlich an Erwachsenen durchgeführt, jedoch seit den 50er Jahren und verbunden mit lebenslangen hormonellen Behandlungen und ggf. Folgeoperationen auch an Kindern. Die Operationen fanden ohne die Einwilligung der Kinder statt. Auch die Eltern wussten häufig nicht genau, was getan wurde und welche lebenslangen Folgen dies haben würde. Zudem sollten die Kinder möglichst wenig über die Vorgänge aufgeklärt werden.[28] Manche der Be-

---

27 Wie häufig diese biologische Geschlechtsausprägung ist, kann nur geschätzt werden. Das Bundesverfassungsgericht ging in seiner Entscheidung für die dritte Geschlechtsoption von 1 : 500 aus (BVerfG 2019).
28 Die medizinische Praxis, Kindern mit uneindeutigen Geschlechtsorganen möglichst früh, d. h. bereits im Säuglingsalter, geschlechtsangleichenden Operationen zu unterziehen, stützte sich in zwei Annahmen. Zum ersten

4.3 Gleichberechtigung aller Geschlechter und sexueller Identitäten

troffen erfuhren so erst im Jugend- oder Erwachsenenalter von ihrer Geschichte.

Die geschlechtsangleichenden Operationen hatten oftmals dramatisch und weitreichende Folgen. Selten blieb es bei einer Operation, vielmehr mussten mehrere Operationen durchgeführt werden, um z. B. das Ziel einer äußerlich ›eindeutigen‹ Geschlechtszugehörigkeit zu erreichen. Für so zu Mädchen operierten Kindern mit künstlich angelegter Vagina musste diese, damit sie später penetrationsfähig war, offengehalten und vergrößert werden, indem immer größer werdende Stäbe eingeführt wurden. Dieses sogenannte Bougieren ist enorm schmerzhaft und wird als Gewalt und sexueller Missbrauch empfunden. Körperliche und psychische Traumatisierungen waren eher die Regel als die Ausnahme (Woweries 2012: 7).

Politisch-rechtliche Anerkennung von intersexuellen, transsexuellen und nicht-binären Menschen

Zunehmend gründeten sich Selbsthilfegruppen und soziale Bewegungen, die auf die körperlichen und psychologischen Folgen der medizinischen und sozialen Praxis, welche die Zweigeschlechtlichkeit von Geburt an und unveränderlich festschreiben sollte, aufmerksam machten und dagegen ankämpften. Ziel war es auch, die Erkenntnis durchzusetzen, dass nicht die Kinder den binären Geschlechtervorstellungen angepasst werden müssen, sondern es vielmehr Aufgabe der Gesellschaft sei, diese Unbestimmtheit auszuhalten und damit umzugehen. Erst im Jahr 2013 aber fand in

---

die Annahme einer binären Geschlechtszugehörigkeit: Menschen könnten nur entweder Mann oder Frau sein. Zum zweiten die Annahme, die psychosexuelle Entwicklung eines Kindes würde sich maßgeblich an den äußeren Genitalien orientieren. Sprich: Sofern ich einem intersexuellen Kind mit uneindeutigen äußeren Geschlechtsmerkmalen eine Vagina anlege, entsprechende Hormonbehandlungen durchführe und dieses Kind als ›Mädchen‹ erziehe, finde es sich in sein Geschlecht hinein.

Deutschland ein erster juristisch bedeutsamer Schritt statt, insofern im Personenstandsgesetz das Feld ›Geschlecht‹ leer gelassen werden konnte. Seit Ende 2018 können sich nun Menschen nicht mehr nur als ›männlich‹ oder ›weiblich‹, sondern auch als ›divers‹ in das Geburtsregister eingetragen lassen. Ausgangspunkt für diese dritte Geschlechtsoption war eine Entscheidung des Bundesverfassungsgerichts von 2017, in welcher der Persönlichkeitsschutz und der Schutz der geschlechtlichen Identität auch für diejenigen festgestellt wurde, die sich dauerhaft weder dem weiblichen noch dem männlichen Geschlecht zuordnen lassen und zuordnen lassen wollen. In der Folge gilt seit dem 22. Dezember 2018 eine Änderung im Personenstandsgesetz. So formuliert § 22 Abs. 3 Satz 3:

»Kann das Kind weder dem männlichen noch dem weiblichen Geschlecht zugeordnet werden, so ist der Personenstandsfall ohne eine solche Angabe oder mit der Angabe ›divers‹ in das Geburtsregister einzutragen«.

Voraussetzung für diese Eintragung ist das Vorliegen eines Attestes, das eine »Variante der Geschlechtsentwicklung« bestätigt. Bei Kindern unter 14 Jahren muss eine gesetzliche Vertretungsperson die Erklärung abgeben, es sei denn es wurden bereits (z. B. in der Kindheit) medizinisch Geschlechtsangleichungen vorgenommen (BMI 2018).

Diese Rechtsänderung bezieht sich allerdings nur auf intersexuelle Personen, nicht auf andere Menschen mit nicht-binärer Geschlechtsidentität oder Transpersonen. Für diese gilt weiterhin das Transsexuellengesetz von 1981. Dieses ist mit höheren Hürden für die Änderung von ›männlich‹ in ›weiblich‹ (oder ›divers‹) bzw. umgekehrt im Personenstandsregister verbunden, wie invasive Gutachten und hohen Kosten. Die Bundesregierung aus SPD, Grünen und FDP (seit 2021) hat in ihrem Koalitionsvertrag die Abschaffung des Transsexuellengesetzes festgelegt; an seine Stelle soll ein Selbstbestimmungsgesetz treten.

Geschlechtsangleichende medizinische Eingriffe im Kindesalter, die heute als Menschenrechtsverletzung angesehen werden, sind

4.3 Gleichberechtigung aller Geschlechter und sexueller Identitäten

in Deutschland seit Mai 2021 grundsätzlich verboten. Eltern können nur dann solch einer Operation zustimmen, wenn der Eingriff nicht bis zu einer späteren selbstbestimmten Entscheidung des Kindes aufgeschoben werden kann. Auch Behandlungen wie die Gabe von Medikamenten oder von Hormonen müssen eindeutig allein dem Wohl des Kindes dienen (Zeit Online 2021).

Mit der Änderung des Personenstandsgesetzes ist im jahrzehntelangen Kampf um die Anerkennung nicht-binärer und vor allem intersexueller Personen zwar nur ein weiterer Etappensieg erreicht, aber ein sehr grundlegender, denn erstmals wurde in Deutschland juristisch anerkannt, dass es neben Mann und Frau bzw. männlich und weiblich überhaupt eine weitere Geschlechtsoption gibt.

Geschlechtergerechte Sprache

Ein Bestandteil der Anerkennung vielfältiger geschlechtlicher Identitäten ist das Sprechen über und mit diesen Identitäten. Sprache ist Mittel der Kommunikation. Zugleich formen sich in dieser Kommunikation Vorstellungen der Welt und ihrer Bedeutungen. Sprache ist daher mitentscheidend für die Dominanz des zweigeschlechtlichen bzw. androzentrischen Denkens. Bei der Verwendung des generischen Maskulins – also z. B. Wissenschaftler, Lehrer oder Arzt – denken Menschen vorrangig an Männer. Frauen oder Personen anderen Geschlechts werden also nicht mitgedacht (z. B. Stahlberg et al. 2001). Wird hingegen explizit eine geschlechterinklusive Sprache verwendet, z. B. indem nach Wissenschaftlerinnen und Wissenschaftlern gefragt wird, werden Frauen sozusagen ›ins Bewusstsein‹ gerufen und auch benannt.

Ist die Beidnennung, d.h. die Benennung von Männern und Frauen, inzwischen in vielen Bereichen eine weitgehende Selbstverständlichkeit, haben sich in den letzten Jahren Sprachformen entwickelt, die queere Personen ebenfalls ansprechen und benennen. Formen wie der Asterisk (Lehrer*innen), der

> Unterstrich (Schüler_innen), aber auch der Doppelpunkt (Bauarbeiter:innen) verweisen auf die Vielfalt möglicher geschlechtlicher Identitäten und ermöglichen eine inklusive Ansprache aller Geschlechter. Viele Städte und auch Einrichtungen wie Ministerien oder Universitäten und Hochschulen haben Leitfäden entwickelt, die dabei helfen, Menschen inklusiv und respektvoll anzusprechen.

Gleichberechtigung für alle?

Gesamtgesellschaftlich zeigt sich hinsichtlich der Gleichberechtigung ein gemischtes Bild: Einerseits hat z. B. 2017 eine repräsentative Studie der Antidiskriminierungsstelle des Bundes eine grundsätzlich große Offenheit der Bevölkerung gegenüber den Rechten gleichgeschlechtlicher Paare gezeigt, und eine nur geringe ›klassische‹ Homophobie (ADS 2017). Und auch die Aufgabe der Schule, Akzeptanz und Offenheit für vielfältige Geschlechterbeziehungen zu vermitteln, wird von einem Großteil der Befragten unterstützt. Zugleich aber deckt die Studie subtile Formen von Homophobie auf, wie z. B. negative Gefühle gegenüber ›sichtbarer‹ Homosexualität. So ist es »28 bzw. 38 Prozent [...] unangenehm, wenn sich zwei Frauen bzw. zwei Männer in der Öffentlichkeit küssen« (ebd.).

Hoch problematisch ist die Zunahme an Hass-Kriminalität gegen die sexuelle Orientierung. Allein die polizeilich erfassten Delikte dazu sind in den letzten Jahren stark gestiegen: 2017 registrierte die Polizei dazu bundesweit 313 Straftaten, davon 74 Gewalttaten. 2021 waren es 870 Straftaten, davon 164 Gewalttaten. Innerhalb von vier Jahren ist dies ein Anstieg auf fast das Dreifache. Gleichzeitig ist von einer enorm hohen Dunkelziffer (80–90 %) auszugehen (LSVD – Gewalt), so dass die realen Zahlen noch weitaus höher liegen dürften. Insbesondere ältere Menschen trauen sich zudem nach wie vor häufig nicht, ihre sexuelle Orientierung offen zu leben. Zwar ist die Offenheit insgesamt gestiegen, dennoch erfahren mehr als die Hälfte der LGBTIQ+-Jugendlichen Ausgrenzung, Diskriminierung und Benachteiligungen in der Schule. Sexuelle Vielfalt wird häufig in Form von Abwertungen thematisiert, ein reflektierter Umgang und Aufklärung findet selten statt. Dies hält viele davon ab, sich während der Schulzeit zu outen (Oldemeier 2018).

Seit mehr als 15 Jahren existieren z. B. mit dem »Allgemeinen Gleichbehandlungsgesetz« rechtliche Handhaben und Beschwerdestellen. Der Anstieg von LGBTIQ+-bezogener Hasskriminalität und die gesellschaftlichen Vorbehalte und Widerstände gegen Menschen, die nicht heterosexuell oder cis-geschlechtlich sind, machen aber deutlich, dass von einer tatsächlichen Gleichberechtigung nicht die Rede sein kann. Vielmehr, darauf gehen wir im abschließenden Unterkapitel ein, sind derzeit Entwicklungen zu beobachten, die bereits erreicht geglaubte Rechte wieder in Frage stellen.

4.4 Neue Kämpfe um alte Rechte: Angriffe auf Gleichberechtigung und Demokratie

Wie aktuelle internationale und nationale Entwicklungen zeigen, ist der Kampf um Menschenrechte, um gleichberechtigte Partizipation und Lebenschancen aller Menschen und damit demokratische Grundprinzipien, noch lange nicht vorbei, hat vielmehr sogar an Brisanz gewonnen. Antifeministische Bewegungen und Parteien greifen die plurale Gesellschaft an und propagieren ein heteronormatives Familienbild. Reproduktive Rechte von Frauen werden durch Gesetze beschnitten, LGBTIQ+-Personen rechtlich diskriminiert und kriminalisiert. Die besorgniserregenden Entwicklungen sind insbesondere in den USA so dynamisch, dass wir im Rahmen dieses Buches nur einige Hinweise auf Politiken und Rechtsprechung geben können. Wir ergänzen dies durch Lesehinweise, die aber auch nur den jeweils aktuellen Stand widerspiegeln können.

Heteronormativität
In der ›heteronormativen‹ Weltsicht gibt es unumstößlich nur zwei Geschlechter. Frauen und Männer sollen immer nur Personen des anderen Geschlechts lieben und begehren. Verbunden damit gibt es klare Vorstellungen darüber, wie Männer und Frauen sind und was sie für gesellschaftlichen Aufgaben haben. Beispielsweise kommt Frauen als Müttern eine besondere Bedeutung zu; Männer überstützen als Väter, sind aber für die Erwerbsarbeit zuständig. Alle Lebensentwürfe und biologischen und sozialen Realitäten jenseits dieses engen Geschlechterschemas finden keine Berücksichtigung.

Antifeminismus

Antifeminismus (seit einiger Zeit wird auch von ›Anti-Genderismus‹ gesprochen) ist kein neues Phänomen. Schon 1902 spricht Hedwig Dohm von »Antifeministen«, die gegen Frauenrechte agitieren (Dohm 1902). Antifeminismus gibt es also, seit es Feminist*innen gibt, die für Emanzipation kämpfen. Die Argumente, die gegen gleichberechtigte Politik angeführt werden, haben sich mit der Zeit allerdings zum Teil geändert. Von Beginn an wurde feministischen Bewegungen unterstellt, sie wollten traditionelle Familienverhältnisse und Familien zerstören. Die berufliche und öffentliche Teilhabe von Frauen wird als Bedrohung für Familien verstanden, Emanzipationsbestrebungen von Frauen als männerfeindlich und wider die Natur. Neu hinzugekommen sind in der aktuellen Situation Begriffe wie ›Genderideologie‹. Der Begriff hat seinen Ursprung in der katholischen Kirche, die damit u. a. gegen geschlechtliche Vielfalt, die Gleichberechtigung von Männern und Frauen und sexuelle und reproduktive Rechte von Frauen kämpft. ›Gender‹ als Bezeichnung des wissenschaftlichen Wissens um Geschlechterverhältnisse, die gesellschaftlich hergestellt und damit veränderbar, wird als Ideologie diffamiert (Wittenius 2022). Gegen Veränderungen von Erwartungen und Normen, wie sich Männer und Frauen zu verhalten haben, wie sie leben und lieben können, agitieren Antifeminist*innen.

Dabei fungiert Antifeminismus als Kitt zwischen sehr unterschiedlichen Bewegungen und Parteien. Dazu gehören Parteien wie die AfD in Deutschland, die Partei *Prawo i Sprawiedliwość* (PiS, ›Recht und Gerechtigkeit‹) oder die *Fidesz* in Ungarn. Dazu gehören auch transnationale Bewegungen wie die 2012 in Frankreich gegründete »La Manif pour tous« und der deutsche Ableger »Demo für Alle«. Über Partei- und Bewegungsgrenzen sowie Ländergrenzen hinweg sind es Themen wie die angebliche Frühsexualisierung der Kinder durch Aufklärung über geschlechtliche Vielfalt, die Vernichtung von Familie durch die ›Genderideologie‹, aber auch die aktive Diskriminierung von LGBTIQ+-Personen, die diese unterschiedlichen Gruppen miteinander verbinden. Antifeministische Programmatiken sind zudem eng mit völkischen bzw. nationalistischen Positionen verbunden. Der ›große Austausch‹ (*great replacement*) ist ein Begriff der neu-rechten Bewegungen und Parteien, mit dem behauptet wird, dass Migrant*innen die weiße Mehrheitsbevölkerung ersetzen sollten. Dieser ›Austausch‹ könne durch eine männliche Wehrhaftigkeit und durch die Erhöhung von Geburten (von weißen Frauen) verhindert werden.

> **Lesetipp: »Die letzten Männer des Westens«**
> Der Journalist und Schriftsteller Tobias Ginsburg hat ein Jahr lang undercover in antifeministischen Gruppen ganz unterschiedlicher Art recherchiert. Für das Buch *Die letzten Männer des Westens* (2021) bewegt er sich in der (vorwiegend virtuellen) ›Manosphere‹, in der sexistische und antifeministische Netzwerke geknüpft werden. Er spricht mit Burschenschaftlern, neuen Rechten, aber auch Mitgliedern von *Ordo Iuris*, einem polnisch-katholischem antifeministischen Think Tank. Antifeminismus,

> die Wut auf ›den Feminismus‹, die Überzeugung der Unterdrückung von Männern, der Hass auf sexuelle Minderheiten ist, so Ginsburg, »nicht bloß ein Klebstoff, der die verschiedenen Milieus der radikalen Rechten zusammenhält – er macht die Szene auch anschlussfähig. Das antifeministische Klebstoffschnüffeln wird zur Einstiegsdroge für viele wütende Männer – und natürlich auch für einige wütende Frauen« (ebd.: 25).

Die Restauration des Familienernährers und der gebärstarken Mutter: Familie und (deutsche) Bevölkerung im Blick

Zentral für antifeministische Familienpolitik ist es, dass Frauen vorrangig als (künftige) Mütter gesehen werden, die für den Erhalt der (nationalen) Gesellschaft verantwortlich sind. Familie besteht für antifeministische Bewegungen (nur) aus dem biologischen Vater, der biologischen Mutter und deren Kind(ern). Diese Familie gilt es zu erhalten, andere Familienformen, von Alleinerziehenden bis hin zu Regenbogenfamilien, möglichst zu verhindern.

Die AfD versteht die heterosexuelle Familie als »Keimzelle unserer Gesellschaft« die angeblich »aus ideologischer Motivation heraus diskreditiert« werde, »um sie durch andere Leitbilder zu ersetzen« (AfD 2021: 104). Was die Partei als ›Wahlfreiheit‹ zwischen Beruf und Familie formuliert, ist in der Realität die Rückkehr zu patriarchalen Familienverhältnissen, in denen Mütter die Betreuung der Kinder übernehmen und finanziell von den erwerbstätigen Vätern abhängig sind. Bei der finanziellen Unterstützung dieses Modells greift die Partei zudem auf ein bevölkerungspolitisches Angebot der NS-Zeit zurück, welches – wie der Vorschlag der AfD – auf die Geburtensteigerung bei der ›deutschen‹ Bevölkerung zielte. Auch im Nationalsozialismus gab es einen Kredit, den die Familien ›abkindern‹ konnten: Pro Kind wird ein Teil des Kredits erlassen. Dieser Kredit soll laut AfD im Wesentlichen nur für deutsche Familien gelten. Ähnliches hat Ungarn bereits eingeführt: Auch hier können junge Ehepaare einen Kredit erhalten. Allerdings erhalten weder ›ausländische‹ Familien noch alleinerziehende Frauen den Kredit. Mit jedem Kind sinkt die Summe, die zurückgezahlt werden muss, und nach drei Kindern wird er gänzlich erlassen. Zugleich aber erhöht der Kredit den Druck auf die Familien: Wenn innerhalb von fünf Jahren keine Kinder geboren werden, oder die Ehe geschieden wird, muss der Kredit zurückgezahlt werden. Alleinerziehende, in Deutschland zu knapp 90 % Frauen, sollen nur bei angemessenem Verhalten Unterstützung erhalten:

»Der Vorteil einer besonderen Unterstützung durch die Solidargemeinschaft [...] [soll] nur denjenigen Alleinerziehenden gewährt werden, die den anderen Elternteil nicht aus der Teilhabe an der Erziehungsverantwortung und praktischen Erziehungsleistung hinausdrängen« (AfD o. J.).

Die AfD zielt hier auf die (falsche) antifeministische Behauptung, dass alleinerziehende Mütter den Vätern die Rechte an ihren Kindern nehmen würden bzw. diese von den eigenen Kindern fernhalten würden.

Illegalisierung reproduktiver Rechte und der Selbstbestimmung von Frauen

Ein weiteres zentrales Thema auf der Agenda neurechter und antifeministischer Akteure: die reproduktiven Rechte von Frauen und die Selbstbestimmung von Frauen über ihren eigenen Körper.[29] Das ist durchaus konsequent: Wenn das Ziel die Restauration traditioneller Geschlechter- und Familienverhältnisse ist, dürfen Frauen nicht selbst darüber entscheiden, ob und wann sie Kinder bekommen und damit auch, wie sie das eigene Leben gestalten. Frauen, denen Abbrüche verweigert wurden, müssen genau diese Erfahrungen machen. Laut einer laufenden Langzeitstudie in den USA können sie ihre Lebenspläne nicht realisieren, bleiben häufiger in gewaltvollen Beziehungen und haben ein viermal höheres Risiko, in Armut zu leben, als die Frauen, die eine ungewollte Schwanger-

---

29 Nicht nur Frauen bekommen Kinder. Auch Transmänner oder nicht-binäre Personen können schwanger werden (dazu Schrupp 2019).

schaft beenden konnten (ANSIRH o. J.). Die Folgen ungewollter Schwangerschaften für die Frauen (und ihre Kinder) interessieren aber im rechten Diskurs nicht.

Polens schon seit langem restriktive Gesetzgebung gegen Schwangerschaftsabbrüche wurde durch das Verfassungsgericht zum Januar 2021 erneut verschärft. Bis dahin waren Schwangerschaftsabbrüche nur nach Inzest oder Vergewaltigung möglich oder bei einem schweren und irreversiblen fötalen Defekt (Europäisches Parlament 2021). Schon dieses Gesetz ließ kaum eine Möglichkeit zum legalen und sicheren Abbruch zu. Denn nicht die psychische und physische Gesundheit der Frau und ihrer Rechte sind relevant, sondern die Entwicklung des Embryos. Seit dem genannten Gerichtsurteil aber fällt auch diese Option weg, der Abbruch der Schwangerschaft ist damit faktisch verboten.

> **Der Wert eines Frauenlebens: Der Fall Izabela S.**
> Izabela S. wurde international bekannt als ein Opfer des neuen polnischen Abtreibungsverbotes. Sie wurde im Herbst 2021 in der 22. Schwangerschaftswoche nach Fruchtwasserverlust in eine Klinik eingeliefert. Die Ärzte weigerten sich, den nicht lebensfähigen Fötus abzutreiben. Vielmehr warteten sie darauf, dass er starb oder der Körper eine Fehlgeburt einleitete, wie Izabela selbst an ihre Mutter schrieb: »Sie [Ärzte] können nichts tun. Sie warten den Tod [des Kindes] ab oder warten, dass etwas [Missgeburt] beginnt, sonst muss ich die Sepsis befürchten. Das Herz muss aufhören zu schlagen oder etwas anderes [Missgeburt] muss beginnen« (zit. nach Lepiarz 2021). Erst als das Kind gestorben war, wurde ein Kaiserschnitt eingeleitet. In der Zwischenzeit hatte Izabela jedoch eine Blutvergiftung entwickelt, an der sie starb.

Auch die USA reiht sich aufgrund der erstarkenden Rolle des christlichen Nationalismus innerhalb der republikanischen Partei (Brockschmidt 2021) in die Gesellschaften ein, die qua Gesetzgebung Rech-

4.4 Neue Kämpfe um alte Rechte

te wegnehmen und Selbstbestimmung gesetzlich bestrafen. Mit der konservativen Neubesetzung eines Postens im obersten Gerichtshof durch Donald Trump kurz vor dem Ende seiner Amtszeit 2020 stand das nationale Recht jeder Frau, über Abbruch oder Fortgang einer Schwangerschaft zu entscheiden, vor dem Aus. Dieses wurde 1973 durch den sogenannten »Roe vs. Wade«-Fall gestützt und untersagte damit Gesetze in den Bundesstaaten, die Schwangerschaftsabbrüche grundsätzlich verbieten. Am 24. Juni 2022 entschied der oberste Gerichtshof, das nationale Recht auf Schwangerschaftsabbruch aufzuheben. Jeder Bundesstaat kann dies damit wieder eigenständig regeln. Unter anderem hat Oklahoma dazu bereits ein Gesetz erlassen, das den Abbruch einer Schwangerschaft ab dem Beginn der Befruchtung verbietet. Ausnahmen sind kaum möglich. In Texas sind Abbrüche ab dem Herzschlag, d. h. etwa ab der 6. Woche, verboten, auch bei Schwangerschaften nach Inzest oder Vergewaltigung. Und da Schwangerschaften ab dem Zeitpunkt der letzten Periode gezählt werden, sind schon mindestens vier Wochen vergangen, bevor man überhaupt davon wissen kann. Privatpersonen können und sollen zudem zivilrechtlich gegen Menschen vorgehen, die Frauen helfen, d. h. Ärzt*innen, aber auch Freund*innen oder Familienangehörige. Sofern sie vor Gericht erfolgreich sind, erhalten sie dafür eine Prämie von bis zu 10.000 US-Dollar.

Dieses System der Überwachung durch zivile Personen, Angehörige, Nachbar*innen oder Bekannte zeigt, worum es eigentlich geht: um die Kontrolle über Frauenkörper, über Reproduktion und über eine bestimmte soziale Ordnung. Denn damit wird es nicht zu Ende sein. Schon in der Urteilsbegründung macht Richter Clarence Thomas, einer der neun Richter des obersten Gerichts, deutlich, dass auch weitere vorherige Urteile des Gerichts aufgegriffen werden sollten: das Recht auf Verhütung, auf gleichgeschlechtliche Ehe und auf Sex zwischen gleichgeschlechtlichen Menschen. Sexualität soll nur noch im Kontext der Reproduktion zwischen Männern und Frauen stattfinden.

Schwangerschaftsabbrüche zu verbieten, bedeutet nicht, dass keine mehr stattfinden. Es führt dazu, dass sie unter unsicheren und (lebens-)gefährlichen Bedingungen durchgeführt werden. Es ist auch deshalb lebensgefährlich, weil die meisten Gesetze, die nun erlassen werden, Schwangerschaftsabbrüche nur bei Gefahr für das Leben der Frau erlauben. Das heißt nämlich in der Praxis, dass Ärzt*innen zum einen eine richterliche Erlaubnis benötigen, um einen Eingriff vorzunehmen, und zum anderen, dass sie warten (müssen), bis der Embryo oder der Fötus gestorben ist, um nicht befürchten zu müssen, angeklagt zu werden. Zwar sollen bislang die Frauen selbst nicht angeklagt werden. Allerdings gibt es jetzt schon Fälle, in denen Frauen nach einer Fehlgeburt strafrechtlich verfolgt und z. T. auch verurteilt wurden, weil sie mutwillig den Tod des Fötus in Kauf genommen hätten.

Medientipp: »Call Jane«
Dieser Film (2022; Regie: Phyllis Nagy) erzählt die Geschichte von Joy, einer Frau in den USA 1968, die vor dem »Roe vs. Wade«-Gerichtsurteil keine Möglichkeit zu einem legalen Schwangerschaftsabbruch hat, obwohl die Schwangerschaft ihre Gesundheit gefährdet. Mithilfe der »Janes«, einer Gruppe von Aktivistinnen, kann sie jedoch den illegalen und lebensrettenden Abbruch vornehmen lassen und engagiert sich in der Folge selbst in dieser Gruppe.

Nicht übersehen darf man auch, dass es nicht alle Frauen gleich trifft. Privilegierte, wohlhabende Frauen werden einen Weg finden, in einen anderen Bundesstaat zu reisen oder sich auf anderem Weg Hilfe zu holen. Die oben genannten Fälle von Anklagen gegen Frauen betrafen obdachlose oder drogenabhängige Frauen, Personen also, die besonders verwundbar sind und kaum eigene Ressourcen haben. *People of Color*, denen es überdurchschnittlich häufig finanziell schlechter geht, (illegale) Migrantinnen, Transmänner oder nicht-binäre Menschen, sie alle haben viel weniger Schutz und Handlungsmöglichkeiten und werden von dieser Kriminalisierung besonders getroffen.

4.4 Neue Kämpfe um alte Rechte

> **Lesetipp: »Amerikas Gotteskrieger«**
> Die Historikerin Annika Brockschmidt analysiert in ihrem 2021 erschienenen Buch *Amerikas Gotteskrieger* den Aufstieg der religiösen Rechten und des christlichen Nationalismus in den USA. Die ›Pro life‹-Bewegung war nicht von Beginn an so zentral, wie sie es heute ist. So war das »Roe vs. Wade«-Urteil insgesamt recht unumstritten, auch weil beispielsweise Evangelikale liberaler als heute eingestellt waren. Seit den 90er Jahren aber ist das Verbot von Schwangerschaftsabbrüchen das entscheidende Thema der republikanischen Partei geworden, oder wie Brockschmidt schreibt: »Die Republikanische Partei ist synonym geworden mit der ›Party of Life‹. Die andere Partei, die Demokraten, muss innerhalb dieses Schwarz-Weiß-Denkens logischerweise die ›Party of Death‹ sein. Und mit Mördern diskutiert man nicht. Wer gegen Abtreibung ist, muss Republikanisch wählen« (ebd.: 69 f.).

In Deutschland ist die Situation (noch) besser, allerdings hat sich auch hier der Zugang zu medizinisch sicheren Eingriffen verschlechtert. Lange wurde die sogenannte Fristenlösung (▶ Kap. 2.5) liberal gehandhabt, so dass – zumindest in Großstädten – ein medizinisch sicherer Zugang gewährleistet war. Zunehmend aber ist der Zugang erschwert. Immer weniger Praxen führen Schwangerschaftsabbrüche durch, zwischen 2003 und 2020 sank deren Anzahl um rund 43 % (Zeit Online 2018). Und auch öffentliche Kliniken führen nur zu knapp 60 % Abbrüche durch, selbst wenn eine gynäkologische Fachabteilung vorhanden ist (Groß et al. 2022). Medizinstudent*innen lernen zudem im Studium kaum noch, Abbrüche durchzuführen. Die Entwicklung dieser Situation, hat auch mit den sogenannten »Lebensschützern« zu tun, die massiv gegen Praxen vorgehen, Ärzt*innen unter Druck setzen. Prominentestes Beispiel ist der Prozess gegen die Ärztin Dr. Kristina Hänel, die auf ihrer Homepage über das Angebot von Schwangerschaftsabbrüchen informierte. Sie wurde angezeigt und nach § 219a StGB verurteilt, da laut diesem »Werbung« für Schwangerschaftsabbrüche verboten ist. Dass es bei der besagten Webseite nicht um Werbung ging, sondern um Informationen für Menschen, die Hilfe benötigen, spielte dabei rein rechtlich keine Rolle. Zwar hat die Ampel-Koalition mit Beschluss des Bundestages am 24. Juni, also am gleichen Tag, in dem in den USA das Recht auf Schwangerschaftsabbruch abgeschafft wurde, diesen Strafrechtsparagrafen gestrichen.[30] Die insgesamt schlechte gesundheitliche Versorgung für ungewollt Schwangere bleibt aber bestehen, genauso wie das grundsätzliche Verbot von Schwangerschaftsabbrüchen.

Zweigeschlechtlichkeit und Heterosexualität als Grundlage sozialer Ordnung: Diskriminierung von LGBTIQ+-Personen

Eine Politik der naturgegebenen Zweigeschlechtlichkeit von ausschließlich Frauen und Männern geht immer einher mit einer aktiven Diskriminierung geschlechtlicher und sexueller Vielfalt. In Deutschland ist hier z. B. die bereits erwähnte »Demo für Alle« zu nennen. Sie ist aus der französischen Bewegung »La Manif pour tous« von 2012 hervorgegangen, einer Bewegung, die sich gegen den Gesetzesentwurf für eine gleichgeschlechtliche Ehe und für das Adoptionsrecht homosexueller Paare richtete. Sie agiert gegen Geschlechterforschung und LGBTIQ+-Rechte und für die Bewahrung des Mutter-Vater-Kind-Familienmodells. In Deutschland wurde die »Demo für Alle« im Zuge der Entwicklung des neuen Bildungsplans für Schulen in Baden-Württemberg 2013/14 aktiv. Die Landesregierung hatte im Rahmen der Neukonzipierung sogenannte Querschnittsthemen identifiziert, die möglichst in jedem Unterrichtsfach thematisiert und berücksichtigt werden sollten. Dazu gehörte auch das Thema »Akzeptanz sexueller Vielfalt«. Die Kinder und Jugendlichen sollten verschiedene Lebens- und Familienformen kennenlernen, explizit auch Familien jenseits der heteronor-

---

30 Mit der Streichung von Paragraf 129a wurden auch die Verurteilungen von Dr. Kristina Hänel und anderen Ärzt*innen aufgehoben.

4.4 Neue Kämpfe um alte Rechte

mativen Kleinfamilie. Auch sexuelle und geschlechtliche Vielfalt sollte als etwas Selbstverständliches vermittelt werden. Die »Demo für Alle« führte regelmäßige Demonstrationen in Stuttgart gegen den Bildungsplan durch. Im Ergebnis können sie Erfolge verbuchen: Das Thema geschlechtliche und sexuelle Vielfalt wurde weniger prominent als eins von vielen Themen in eine eher diffuse Leitperspektive »Bildung für Toleranz und Akzeptanz« integriert. Das Verbot geschlechtlicher und sexueller Aufklärung und die aktive Diskriminierung und auch Kriminalisierung von LGBTIQ+-Personen haben sich international aktuell zu einem wichtigen Handlungsfeld antifeministischer Politiken entwickelt. So verbietet Ungarn Aufklärungsprogramme über Homosexualität an Schulen. Auch Filme oder Werbung, in der Homosexualität als etwas Selbstverständliches dargestellt werden, sind zukünftig verboten. In den USA treten in rascher Folge ebenfalls entsprechende Gesetze in Kraft. Florida verbietet sexuelle Aufklärung für Kinder unter 10 Jahren mit dem sogenannten »Don't say gay«-Gesetz, das im März 2022 in Kraft trat. Das Verbot zielt explizit auf Aufklärung über geschlechtliche Vielfalt, mit dem Argument, dass dies zu einer Frühsexualisierung von Kindern oder sogar zu einer ungewollten Homo- oder Transsexualität von Kindern beitrage. »Don't say gay« meint tatsächlich, dass Worte wie schwul, queer oder lesbisch nicht mehr im Unterricht gesagt werden dürfen, Kinder also nicht mehr in ihrer selbstbestimmten Entwicklung unterstützt werden können. Alabama hat ein ähnliches Gesetz im April 2022 verabschiedet, und verbietet zugleich Transjugendlichen, die Toiletten aufzusuchen, die ihrer Geschlechtsidentität entsprechen. Darüber hinaus werden Ärzte, die Transjugendliche unter 19 Jahren mit geschlechtsanpassenden Maßnahmen wie Hormontherapien unterstützen wollen, mit bis zu 10 Jahren Gefängnis bestraft. Im Schuljahr 2021/22 haben außerdem in den USA sogenannte *book bans*, d. h. Verbote bestimmter Bücher, deutlich zugenommen – nicht zuletzt auch als Folge der neuen Gesetzeslagen. *Book bans* sind organisiert durch politische Bewegungen, in Verbindung mit christlich-religiösen Gruppierungen, und zielen vor allem auf Bücher, in denen LGBTIQ+, Rassismus und Sklaverei in der US-amerikanischen Geschichte oder sexuelle Erziehung thematisiert werden. Diese Bücher werden als Schullektüre verboten, der Zugang zu ihnen wird eingeschränkt, oder sie werden ganz aus den Bibliotheken entfernt (PEN America 2022). Neben Schulen sind auch öffentliche Bibliotheken Schauplätze dieser Angriffe auf eine plurale, gleichberechtigte und damit demokratische Erziehung und Bildung von jungen Menschen.

5
Fazit

Dieses Buch beginnt im 18. Jahrhundert mit der langen Entwicklung hin zur formalen Gleichberechtigung von Männern und Frauen als elementarer Bestandteil der entstehenden demokratischen Grundordnung. Demokratien sind konstitutiv auf die Gleichberechtigung aller Geschlechter angewiesen. Ohne die tatsächliche Freiheit aller, die gleichen Rechte wahrzunehmen und an allen Bereichen der Gesellschaft gleich teilzuhaben, bleibt Demokratie unvollständig und verkommt schlimmstenfalls zur reinen Behauptung. Insofern ist der Stand der Gleichberechtigung in einem Land auch ein Indikator für den Stand der Demokratie.

Im Jahr 2022 ist formale Gleichberechtigung in Deutschland fast erreicht: Viele diskriminierende Gesetze sind abgeschafft und mit der Ehe für alle und dem Verbot geschlechtsangleichender Operationen an Kindern wurden zudem wesentliche Fortschritte in der Gleichberechtigung von LGBTIQ+-Menschen erzielt. Das größte verbleibende Betätigungsfeld scheint die reale Verwirklichung gleicher Teilhabemöglichkeiten zu sein – oder wie es in der Grundgesetzergänzung von 1994 heißt, »die tatsächliche Durchsetzung der Gleichberechtigung von Frauen und Männern und [...] die Beseitigung bestehender Nachteile« (Art. 3 Abs. 2 Satz 2 GG). Und auch hier hat sich viel getan. Viele Frauen und Männer wollen nicht mehr in einengenden Geschlechterrollen leben und arbeiten, sondern suchen nach einer faireren Aufteilung von Erwerbs- und Care-Arbeit. Politische Prozesse unterstützen solche Entwicklungen z. B. durch die Einführung des ›Elterngeldes Plus‹ oder auch die Quotierung von Führungspositionen.

Diese Fortschritte sind kein Zufall. Sie sind auch nicht das Ergebnis von automatisch stattfindenden Entwicklungen. Vielmehr sind sie der Erfolg vieler Frauen (und Männer), die unter widrigen Bedingungen und häufig gegen politischen und gesellschaftlichen Widerstand Gleichberechtigung gefordert und durchgesetzt haben.

Zugleich geht die Gleichberechtigung der Geschlechter mit einer realen Umverteilung von Macht und Einfluss einher. Es geht also wirklich um etwas, und es ist daher nicht verwunderlich, dass nicht alle dieser Umverteilung positiv gegenüberstehen. Zudem werden im Kontext von Gleichberechtigung vermeintliche gesellschaftliche Selbstverständlichkeiten in Frage gestellt, was zu Verunsicherung führen kann. Insofern kann der sich ausbreitende Antifeminismus auch als eine Strategie gelesen werden, diese neue Machtverteilung zu stoppen und umzukehren bzw. – und das lässt ihn so anschlussfähig sein – alte Gewissheiten zu legitimieren und wiederherzustellen. Denn in einer gesellschaftlichen Umgebung, in der Geschlechterrollen zunehmend unklar und letztlich zwischen Individuen ausgehandelt werden, können patriarchale Verhältnisse Sicherheit versprechen. Dies gilt insbesondere für diejenigen, die bisher Privilegien hatten. (Inter-)National ist zu beobachten, dass diese antifeministischen und menschenfeindlichen Positionen zu-

5 Fazit

nehmend durch Regierungen und Parteien vertreten werden. Das lässt sie nochmals gefährlicher werden.

Schien es bis vor wenigen Jahren noch so, als ob gleiche gesellschaftliche Teilhabe für alle nur noch eine Frage des richtigen politischen Ansatzes und letztlich der Zeit seien, wird zunehmend deutlich, dass weiterhin ein starker Einsatz für Menschenrechte und für gleichberechtigte Partizipation und Lebenschancen aller Menschen notwendig bleibt, damit Deutschland nicht – wie andere Länder – auf dem langen Weg zur Gleichberechtigung der Geschlechter einen Schritt zurück geht. Und umso wichtiger ist es, Gleichberechtigung und Demokratie nicht als etwas Selbstverständliches und längst Erreichtes zu verstehen. Vielmehr war und ist es notwendig, die Gleichberechtigung aller Geschlechter als Grundpfeiler moderner Demokratie immer wieder aufs Neue zu verteidigen und zu gestalten.

Literaturverzeichnis

ADS – Antidiskriminierungsstelle des Bundes (Hrsg.) (2017): Einstellungen gegenüber lesbischen, schwulen und bisexuellen Menschen in Deutschland. Ergebnisse einer bevölkerungsrepräsentativen Umfrage. Online verfügbar unter https://www.antidiskriminierungsstelle.de/SharedDocs/forschungsprojekte/DE/Studie_Einstellg_ggueber_LSB.html, zuletzt geprüft am 27.06.2022.

AfD – Alternative für Deutschland (o. J.): Themen & Positionen. Familie / Bevölkerung. Online verfügbar unter https://www.afd.de/familie-bevölkerung, zuletzt geprüft am 24.06.2022.

AfD – Alternative für Deutschland (2021): Deutschland. Aber normal. Programm der Alternative für Deutschland für die Wahl zum 20. Deutschen Bundestag. Online verfügbar unter https://www.afd.de/wahlprogramm, zuletzt geprüft am 04.11.2022.

Albrecht, Kai-Britt/Harders, Levke (2014): Clara Zetkin 1857–1933. Online verfügbar unter https://www.dhm.de/lemo/biografie/clara-zetkin, zuletzt geprüft am 15.05.2022.

Allmendinger, Jutta (2021): Es geht nur gemeinsam! Wie wir endlich Geschlechtergerechtigkeit erreichen. Berlin: Ulstein.

ANSIRH – Advancing New Standards in Reproductive Health (o. J.): The Turnaway Study. Online verfügbar unter https://www.ansirh.org/research/ongoing/turnaway-study, zuletzt geprüft am 24.06.2022.

Auer, Dirk (2022): Blinder Terror, brutale Strategie. Sexualisierte Gewalt im Krieg. Online verfügbar unter https://www.deutschlandfunk.de/ukraine-krieg-sexualisierte-gewalt-100.html, zuletzt geprüft am 27.06.2022.

ausnahmslos (2016): #ausnahmslos-Initiator_innen kritisieren Verschärfung des Aufenthaltsgesetzes im Zuge der Sexualstrafrechtsreform. Pressemitteilung. Online verfügbar unter https://ausnahmslos.org/post/147035553660/pressemitteilung-ausnahmslos-initiatorinnen, zuletzt geprüft am 27.06.2022.

Maaz, Kai/Artelt, Cordula/Buchholz, Sandra/Kühne, Stefan/Leerhoff, Holger/Rauschenbach, Thomas/Rockmann, Ulrike/Roßbach, Hans-Günther/Schrader, Josef/Seeber, Susan (2020): Bildung in Deutschland 2020. Online verfügbar unter https://www.bildungsbericht.de/de/bildungsberichte-seit-2006/bildungsbericht-2020/bildung-in-deutschland-2020, zuletzt geprüft am 11.12.2022.

Literaturverzeichnis

Behren, Dirk von (2019): Kurze Geschichte des Paragraphen 218 Strafgesetzbuch. In: Aus Politik und Zeitgeschichte, 20/2019, 12-19.

Bendel, Carolin (2007): Die deutsche Frau und ihre Rolle im Nationalsozialismus. Online verfügbar unter https://www.zukunft-braucht-erinnerung.de/die-deutsche-frau-und-ihre-rolle-im-nationalsozialismus, zuletzt geprüft am 15.05.2022.

Berghahn, Sabine/Egenberger, Vera/Klapp, Micha/Klose, Alexander/Liebscher, Doris/Supik, Linda/Tischbirek, Alexander (2016): Evaluation des Allgemeinen Gleichbehandlungsgesetzes. Hrsg. von der Antidiskriminierungsstelle des Bundes. Baden-Baden: Nomos.

BMBF – Bundesministerium für Bildung und Forschung (2021): Tabelle 2.5.21 Studierende und Studienanfänger/-innen im 1. Hochschulsemester nach Fächergruppen, Hochschularten und Geschlecht. Online verfügbar unter https://www.datenportal.bmbf.de/portal/de/Tabelle-2.5.21.html, zuletzt geprüft am 05.06.2022.

BMFSFJ – Bundesministerium für Familie, Senioren, Frauen und Jugend (Hrsg.) (2004): Gewalt gegen Männer in Deutschland. Personale Gewaltwiderfahrnisse von Männern in Deutschland. Pilotstudie. Online verfügbar unter https://www.bmfsfj.de/resource/blob/84590/a3184b9f324b6ccc05bdfc83ac03951e/studie-gewalt-maenner-langfassung-data.pdf, zuletzt geprüft am 30.11.2022.

BMFSFJ – Bundesministerium für Familie, Senioren, Frauen und Jugend (Hrsg.) (2009): Erster Gleichstellungsatlas veröffentlicht. Online verfügbar unter https://www.bmfsfj.de/bmfsfj/aktuelles/alle-meldungen/erster-gleichstellungsatlas-veroeffentlicht-81802, zuletzt geprüft am 26.06.2022.

BMFSFJ – Bundesministerium für Familie, Senioren, Frauen und Jugend (Hrsg.) (2014): Gewalt gegen Frauen in Paarbeziehungen. Eine sekundäranalytische Auswertung zur Differenzierung von Schweregraden, Mustern, Risikofaktoren und Unterstützung nach erlebter Gewalt. Kurzfassung. 5. Auflage. Online verfügbar unter https://www.bmfsfj.de/resource/blob/93970/957833aefeaf612d9806caf1d147416b/gewalt-paarbeziehungen-data.pdf, zuletzt geprüft am 30.11.2022.

BMFSFJ – Bundesministerium für Familie, Senioren, Frauen und Jugend (Hrsg.) (2019): Mütter des Grundgesetzes. 13. Auflage, Berlin. Online verfügbar unter https://www.bmfsfj.de/resource/blob/94392/5f5dbcc652b641866d6f3b5b5057be53/muetter-grundgesetz-data.pdf, zuletzt geprüft am 30.11.2022.

BMFSFJ – Bundesministerium für Familie, Senioren, Frauen und Jugend (Hrsg.) (2021a): Gender Mainstreaming. Online verfügbar unter https://www.bmfsfj.de/bmfsfj/themen/gleichstellung/gleichstellung-und-teilhabe/strategie

-gender-mainstreaming/gender-mainstreaming-80436, zuletzt geprüft am 26.06.2022.

BMFSFJ – Bundesministerium für Familie, Senioren, Frauen und Jugend (Hrsg.) (2021b): Die Gleichstellungsstrategie der Bundesregierung. Online verfügbar unter https://www.bmfsfj.de/bmfsfj/themen/gleichstellung/gleichstellung-und-teilhabe/gleichstellungsstrategie-der-bundesregierung/die-gleichstellungsstrategie-der-bundesregierung-154174, zuletzt geprüft am 26.06.2022.

BMFSFJ – Bundesministerium für Familie, Senioren, Frauen und Jugend (Hrsg.) (2021c): Gesetz zur Neuregelung des Mutterschutzrechts. Online verfügbar unter https://www.bmfsfj.de/bmfsfj/service/gesetze/gesetz-zur-neuregelung-des-mutterschutzrechts-73762, zuletzt geprüft am 27.06.2022.

BMFSFJ – Bundesministerium für Familie, Senioren, Frauen und Jugend (Hrsg.) (2021d): Formen der Gewalt erkennen. Online verfügbar unter https://www.bmfsfj.de/bmfsfj/themen/gleichstellung/frauen-vor-gewalt-schuetzen/haeusliche-gewalt/formen-der-gewalt-erkennen-80642, zuletzt geprüft am 27.06.2022.

BMI – Bundesministerium des Innern und für Heimat (Hrsg.) (2018): Entwurf eines Gesetzes zur Änderung des Personenstandsgesetzes. Online verfügbar unter https://www.bmi.bund.de/SharedDocs/kurzmeldungen/DE/2018/08/geburtenregister.html, zuletzt geprüft am 27.06.2022.

BMJ – Bundesministerium der Justiz (Hrsg.) (2006): Bundesgesetzblatt Jahrgang 2006 Teil I Nr. 39 vom 17.08.2006. Bonn: Bundesanzeiger Verlag.

Bock, Gisela (2005): Frauen in der europäischen Geschichte. Vom Mittelalter bis zur Gegenwart (Beck'sche Reihe). Überarbeitete Neuauflage, München: C. H. Beck.

Bock, Gisela (2009): Frauenrechte als Menschenrechte. Olympe de Gouges' »Erklärung der Rechte der Frau und der Bürgerin«. In: Themenportal Europäische Geschichte. Online verfügbar unter https://www.europa.clio-online.de/essay/id/artikel-3555, zuletzt geprüft am 14.05.2022.

Bock, Jessica (2020): Das Umbruchsjahr 1990. In: Digitales Deutsches Frauenarchiv. Online verfügbar unter https://www.digitales-deutsches-frauenarchiv.de/angebote/dossiers/30-jahre-geteilter-feminismus/das-umbruchsjahr-1990, zuletzt geprüft am 22.05.2022.

BpB – Bundeszentrale für politische Bildung (2014): 1994: Homosexualität nicht mehr strafbar. In: Hintergrund aktuell. Online verfügbar unter https://www.bpb.de/kurz-knapp/hintergrund-aktuell/180263/1994-homosexualitaet-nicht-mehr-strafbar, zuletzt geprüft am 22.06.2022.

BpB – Bundeszentrale für politische Bildung (2017): Frauenanteil im Deutschen Bundestag. In: Dossier Frauen in Deutschland. Online verfügbar unter

Literaturverzeichnis

https://www.bpb.de/themen/gender-diversitaet/frauen-in-deutschland/ 49418/frauenanteil-im-deutschen-bundestag, zuletzt geprüft am 22.06.2022.

BpB – Bundeszentrale für politische Bildung (2021a): Alleinerziehende. In: Soziale Situation in Deutschland. Online verfügbar unter https://www.bpb.de/kurz-knapp/zahlen-und-fakten/soziale-situation-in-deutschland/61581/alleinerziehende, zuletzt geprüft am 24.06.2022.

BpB – Bundeszentrale für politische Bildung (2021b): Kinder in Tagesbetreuung. In: Soziale Situation in Deutschland. Online verfügbar unter https://www.bpb.de/kurz-knapp/zahlen-und-fakten/soziale-situation-in-deutschla nd/61615/kinder-in-tagesbetreuung, zuletzt geprüft am 24.06.2022.

Brockschmidt, Annika (2021): Amerikas Gotteskrieger. Wie die Religiöse Rechte die Demokratie gefährdet. Reinbeck: Rowohlt.

Bundesanstalt für Arbeit (Hrsg.) (1992): Stachel in der Organisation. In: UNI-Perspektiven für Beruf und Arbeitsmarkt, 16 (7), 57–59.

Bundesarchiv (2022): Weimarer Republik (1918–1933). Aufruf an das deutsche Volk 12. November 1918. Online verfügbar unter https://www.bundesarchiv.de/DE/Content/Dokumente-zur-Zeitgeschichte/19181112_frauenwahlrecht.html, zuletzt geprüft am 15.05.2022.

Bundesrat (Hrsg.): Mitglieder des Bundesrates. Online verfügbar unter https://www.bundesrat.de/DE/bundesrat/mitglieder/mitglieder-node.html, zuletzt geprüft am 27.06.2022.

Bundesstiftung Gleichstellung (Hrsg.): Wir über uns. Online verfügbar unter https://www.bundesstiftung-gleichstellung.de/#wir, zuletzt geprüft am 26.06.2022.

BverfG – Bundesverfassungsgericht (2017): Leitsätze zum Beschluss des Ersten Senats vom 10. Oktober 2017 – 1 BvR 2019/16. Online verfügbar unter http://www.bverfg.de/e/rs20171010_1bvr201916.html, zuletzt geprüft am 27.06.2022.

CEWS – Kompetenzzentrum Frauen in Wissenschaft und Forschung (2021): Entwicklung des Studentinnenanteils in Deutschland seit 1908. Online verfügbar unter https://www.gesis.org/cews/portfolio/digitale-angebote/stati stiken/thematische-suche/detailanzeige/article/entwicklung-des-studentin nenanteils-in-deutschland-seit-1908, zuletzt geprüft am 15.05.2022.

Cooper, Sarah (2018): How to be successful without hurting men's feelings. Non-threatening leadership strategies for women. London: Square Peg/Penguin/Random House.

De Beauvoir, Simone (1951): Das andere Geschlecht. Sitte und Sexus der Frau. Hamburg: Rowohlt.

Literaturverzeichnis

Demografieportal (2022): Allgemeiner Schulabschluss. Online verfügbar unter www.demografie-portal.de/DE/Fakten/schulabschluss.html, zuletzt geprüft am 05.06.2022.

Der Bundeswahlleiter (2022): Gewählte Bewerberinnen und Bewerber (Stand: 28.01.2022). Wiesbaden. Online verfügbar unter https://www.bundeswahl leiter.de/dam/jcr/cd399859-b73c-4d72-afb7-0b3c46793c56/btw21_gewaehlte _utf8.zip, zuletzt geprüft am 24.06.2022.

Destatis – Statistisches Bundesamt (Hrsg.) (o. J.): Frauen in den Parlamenten: Deutschland mit 35 % weltweit auf Platz 42. Online verfügbar unter https://www.destatis.de/DE/Themen/Laender-Regionen/Internationales/ Thema/allgemeines-regionales/frauenanteil-parlamente.html, zuletzt geprüft am 27.06.2022.

Destatis – Statistisches Bundesamt (Hrsg.) (2019): Drei Viertel der Pflegebedürftigen zu Hause versorgt. Zahl der Woche Nr. 36 vom 3. September 2019, Pressemitteilung. Online verfügbar unter https://www.destatis.de/ DE/Presse/Pressemitteilungen/Zahl-der-Woche/2019/PD19_36_p002.html, zuletzt geprüft am 29.06.2022.

Destatis – Statistisches Bundesamt (Hrsg.) (2021): Bildung und Kultur. Studierende an Hochschulen. Wintersemester 2020/2021. Fachserie 11 Reihe 4.1. Bonn.

Destatis – Statistisches Bundesamt (Hrsg.) (2022a): Erwerbstätigkeit – Erwerbstätigenquoten 1991 bis 2021. Erwerbstätigenquoten nach Gebietsstand und Geschlecht in der Altersgruppe 15 bis unter 65 Jahren. Ergebnis des Mikrozensus in %. Online verfügbar unter https://www.destatis.de/DE/Themen/ Arbeit/Arbeitsmarkt/Erwerbstaetigkeit/Tabellen/erwerbstaetigenquoten-g ebietsstand-geschlecht-altergruppe-mikrozensus.html, zuletzt geprüft am 06.06.2022.

Destatis – Statistisches Bundesamt (Hrsg.) (2022b): Mehr als ein Viertel der Rentnerinnen und Rentner haben ein monatliches Nettoeinkommen von unter 1.000 Euro. Pressemitteilung Nr. N 061 vom 29. September 2022. Online verfügbar unter https://www.destatis.de/DE/Presse/Pressemitteilung en/2022/09/PD22_N061_12_13.html, zuletzt geprüft am 30.09.2022.

Deutsche Woche (2021): Kritik am niedrigen Frauenanteil im neuen Bundestag. In: Deutsche Woche, 28.09.2021. Online verfügbar unter https://p.dw. com/p/40zdP, zuletzt geprüft am 27.06.2022.

Deutscher Bundestag (2017): Historische Debatten (7): Abtreibungsparagraf 218. Online verfügbar unter https://www.bundestag.de/dokumente/textar chiv/abtreibungsparagraf-200096, zuletzt geprüft am 22.05.2022.

Deutscher Gewerkschaftsbund (2019): »Zwei Drittel sind von diesem Gesetz ausgenommen«. Erfahren, was die Kollegen verdienen: Funktioniert nur theoretisch gut. Beitrag des DGB zum Entgelttransparenzgesetz. Online verfügbar unter https://www.dgb.de/themen/++co++401b7b16-134c-11e9-8 7c8-52540088cada, zuletzt geprüft am 06.06.2022.

Dohm, Hedwig (1902): Die Antifeministen. Ein Buch der Verteidigung. Berlin. Online verfügbar unter https://www.projekt-gutenberg.org/dohm/antifem i/antifemi.html, zuletzt geprüft am 24.06.2022.

Drechsel, Wiltrud Ulrike (Hrsg.) (2001): Höhere Töchter. Zur Sozialisation bürgerlicher Mädchen im 19. Jahrhundert (Beiträge zur Sozialgeschichte Bremens, 21). Bremen: Edition Temmen.

EAF Berlin – Europäische Akademie für Frauen in Politik und Wirtschaft Berlin e. V. (Hrsg.): Frauen in der Politik. Online verfügbar unter https://www.frauen-macht-politik.de/paritaetinderpolitik, zuletzt geprüft am 27.06.2022.

Emma (2021): Hatespeech: Wer schützt die Frauen? Online verfügbar unter https://www.emma.de/artikel/hatespeech-wer-schuetzt-die-frauen-338691, zuletzt geprüft am 27.06.2022.

Enste, Dominik (2019): Haushaltshilfe: Keine Entlastung in Sicht. Hrsg. vom Institut der deutschen Wirtschaft, IW-Kurzbericht, 42/201.

Ernst & Young (Hrsg.) (2022): Mixed Leadership Barometer Januar 2022. Anteil weiblicher Vorstandsmitglieder in deutschen börsennotierten Unternehmen. Online verfügbar unter https://assets.ey.com/content/dam/ey-sites/ey-com/de_de/news/2022/01/ey-mixed-leadership-2022.pdf, zuletzt geprüft am 30.11.2022.

Europäisches Parlament (2021): Polen: Restriktives Abtreibungsgesetz darf keine weiteren Opfer fordern. Pressemitteilung vom 11.11.2021, REF: 202111 08IPR16844. Online verfügbar unter https://www.europarl.europa.eu/new s/de/press-room/20211108IPR16844/polen-restriktives-abtreibungsgesetz-d arf-keine-weiteren-opfer-fordern, zuletzt geprüft am 24.06.2022.

FidAR – Frauen in die Aufsichtsräte e. V. (Hrsg.) (2021): Frauenanteil in Führungspositionen der im DAX, MDAX, SDAX sowie der im Regulierten Markt notierten, paritätisch mitbestimmten Unternehmen. Women-On-Board Index 185. Berlin.

Filter, Dagmar (2018): »Frauen* verändern Wissenschaft«. Anfänge von Frauenforschung und Frauenstudien an Hamburger Hochschulen. In: Digitales Deutsches Frauenarchiv. Online verfügbar unter https://www.digita les-deutsches-frauenarchiv.de/themen/frauen-veraendern-wissenschaft-an faenge-von-frauenforschung-und-frauenstudien-hamburger, zuletzt geprüft am 22.05.2022.

FMT – FrauenMediaTurm, Feministisches Archiv und Bibliothek, bearbeitet von Bock, Jessica (2021): Hedwig Dohm. In: Digitales Deutsches Frauenar-

chiv. Online verfügbar unter https://www.digitales-deutsches-frauenarchiv.de/akteurinnen/hedwig-dohm, zuletzt geprüft am 15.05.2022
FMT – FrauenMediaTurm, Feministisches Archiv und Bibliothek (o. J.): Gegen § 218 – Der Kampf um das Recht auf Abtreibung. Online verfügbar unter https://frauenmediaturm.de/neue-frauenbewegung/abtreibung-gegen-218, zuletzt geprüft am 22.05.2022.
Frohn, Ursula (1972): Sind die Frauen in der DDR gleichberechtigt? In: Gewerkschaftliche Monatshefte, 11/1972, 715–725.
Gerhard, Ute (1997): »Wir wollen lieber fliegen als kriechen«. Louise Otto Peters (1819–1895), in: Klatt, Ingaburgh (Hrsg.): »Wir wollen lieber fliegen als kriechen«. Historische Frauenportraits. Lübeck: Dräger, 11–26.
Gerhard, Ute (2008): 50 Jahre Gleichberechtigung – eine Springprozession. In: Aus Politik und Zeitgeschichte, 24-25/2008, 3–10.
Gerlach, Irene (2009): Familienpolitik: Geschichte und Leitbilder. In: BpB – Bundeszentrale für politische Bildung (Hrsg.): Familie und Familienpolitik (Informationen zur politischen Bildung, 301). Online verfügbar unter https://www.bpb.de/shop/zeitschriften/izpb/8047/familienpolitik-geschichte-und-leitbilder, zuletzt geprüft am 18.06.2022.
Geyken, Frauke (2018): Ein neuer Ausschluss 1928–1945. In: Dossier Frauenwahlrecht. Online verfügbar unter https://www.bpb.de/themen/zeit-kulturgeschichte/frauenwahlrecht/279341/ein-neuer-ausschluss-1928-1945/, zuletzt geprüft am 19.05.2022.
Ginsburg, Tobias (2021): Die letzten Männer des Westens. Antifeministen, rechte Männerbünde und die Krieger des Patriarchats. Reinbeck: Rowohlt.
Gretter, Susanne (2022): Clara Zetkin. In: Frauendatenbank fembio.org. Online verfügbar unter https://www.fembio.org/biographie.php/frau/biographie/clara-zetkin/, zuletzt geprüft am 15.09.2022.
Groß, Antonia/Sachse, Jonathan/Donheiser, Max/Lenz, Miriam/Stahl, Sophia (2022): Welche öffentlichen Kliniken keine Abbrüche durchführen. Datenbank zu Schwangerschaftsabbrüchen. Online verfügbar unter https://correctiv.org/aktuelles/gesundheit/2022/03/03/keine-abtreibungen-in-vielen-oeffentlichen-kliniken, zuletzt geprüft am 24.06.2022.
Grüttner, Michael (1995): Studenten im dritten Reich. Paderborn u.a.: Schöningh.
Hagemann, Karen (2015): Ein Sonderweg? Familie, Frauenarbeit und Halbtagspolitik von Kindergarten und Grundschule in der Bundesrepublik Deutschland seit 1945. In: Dies./Jarausch, Konrad H. (Hrsg.): Halbtags oder Ganztags? Zeitpolitiken von Kinderbetreuung und Schule nach 1945 im europäischen Vergleich. Weinheim/Basel: Beltz Juventa, 338–370.

Literaturverzeichnis

Hagemann-White, Carol (1997): Strategie gegen Gewalt im Geschlechterverhältnis. Bestandsanalyse und Perspektiven. Mit Lang, Heidi/Lübbert, Jutta/Rennefeld, Birgitta. In: Dies./Kavemann, Barbara/Ohl, Dagmar (Hrsg.): Parteilichkeit und Solidarität. Praxiserfahrungen und Streitfragen zur Gewalt im Geschlechterverhältnis (Theorie und Praxis der Frauenforschung – Schriftenreihe des Instituts Frau und Gesellschaft, 27). Bielefeld: Kleine, 15–95.

Hannover, Bettina/Ollrogge, Karen (2021): Bildungsungleichheiten zwischen den Geschlechtern. In: Dossier Bildung. Online verfügbar unter https://www.bpb.de/themen/bildung/dossier-bildung/315992/bildungsungleichheiten-zwischen-den-geschlechtern, zuletzt geprüft am 05.06.2022.

Hausen, Karin (1976): Die Polarisierung der »Geschlechtscharaktere« – eine Spiegelung der Dissoziation von Erwerbs- und Familienleben. In: Conze, Werner (Hrsg.): Sozialgeschichte der Familie in der Neuzeit Europas. Stuttgart: Klett, 363–393.

Heid, Ludger (2010): Die vergessenen Rädchen. Frauen als Nazi-Verbrecherinnen. In: Süddeutsche Zeitung. Online verfügbar unter https://www.suedddeutsche.de/politik/frauen-als-nazi-verbrecherinnen-die-vergessenen-raedchen-1.486639-0, zuletzt geprüft am 16.05.2022.

Heisig, Katharina/Zierow, Larissa (2020): Elternzeitverlängerung in der DDR: Langfristig höhere Lebenszufriedenheit der Kinder. In: ifo Dresden berichtet, 27, 2/2020, 7–9.

Herrlitz, Hans-Georg/Hopf, Wulf/Titze, Hartmut (1998): Deutsche Schulgeschichte von 1800 bis zur Gegenwart. Eine Einführung. Weinheim/München: Juventa.

Hillauer, Rebecca (2018): Der befreiende »Tomatenwurf« von 1968. Beginn der neuen Frauenbewegung. In: Deutschlandfunk Kultur. Online verfügbar unter https://www.deutschlandfunkkultur.de/der-befreiende-tomatenwurf-von-1968-beginn-der-neuen-100.html, zuletzt geprüft am 22.05.2022.

Hobler, Dietmar/Pfahl, Svenja/Mader, Ester (2018): Pflegende Frauen und Männer 2001–2015. Online verfügbar unter https://www.wsi.de/de/sorgearbeit-14618-pflegende-frauen-und-maenner-2001-2015-14891.htm, zuletzt geprüft am 22.06.2022.

Hobler, Dietmar/Pfahl, Svenja/Schubert, Lisa (2021a): Frauen und Männer in den 25 häufigsten Ausbildungsberufen 2019. Online verfügbar unter https://www.wsi.de/de/bildung-14616-frauen-und-maenner-in-den-25-haeufigsten-ausbildungsberufen-14822.htm, zuletzt geprüft am 05.06.2022.

Hobler, Dietmar/Pfahl, Svenja/Schubert, Lisa (2021b): Teilzeitquoten der abhängig Beschäftigten 1991–2019. Online verfügbar unter https://www.wsi.

de/de/zeit-14621-teilzeitquoten-der-abhaengig-beschaeftigten-19912017-14748.htm, zuletzt geprüft am 06.06.2022.

Hobler, Dietmar/Pfahl, Svenja/Schubert, Lisa (2021c): Erwerbstätigenquote nach Elternschaft und Alter der Kinder 2019 Online verfügbar unter https://www.wsi.de/de/erwerbsarbeit-14617-erwerbstaetigenquote-nach-elternschaft-und-alter-der-kinder-14833.htm, zuletzt geprüft am 24.06.2022.

Hoecker, Beate (2008): 50 Jahre Frauen in der Politik: späte Erfolge, aber nicht am Ziel. In: Aus Politik und Zeitgeschichte, 24–25/2008, 10–18.

Holland-Cunz, Barbara (2003): Die alte neue Frauenfrage (Edition suhrkamp 2335, Neue Sozialwissenschaftliche Bibliothek). 2. Auflage, Frankfurt a. M.: Suhrkamp.

Horsley, Joey (2019): Florence Nightingale. Online verfügbar unter https://www.fembio.org/biographie.php/frau/biographie/florence-nightingale, zuletzt geprüft am 15.05.2022.

Jacobi, Juliane (2013): Mädchen- und Frauenbildung in Europa. Von 1500 bis zur Gegenwart. Frankfurt a. M.: Campus.

Justitias Töchter – Podcast des Deutschen Juristinnenbundes. Online verfügbar unter https://www.djb.de/veroeffentlichungen/podcast-justitias-toechter, zuletzt geprüft am 30.11.2022.

Kaminski, Anna (2020): Frauen in der DDR. 3. Auflage, Berlin: Ch. Links.

Karakasoglu, Yasemin (2006): Das Kopftuch als Herausforderung für den pädagogischen Umgang mit Toleranz. Ein empirisch fundierter Beitrag zur Kopftuch-Debatte. In: Bildungsforschung, 3 (2), DOI: 10.25656/01:464

Klischeefrei – Servicestelle der Initiative (2020): Betriebliche und schulische Ausbildung. Ausbildungswege junger Frauen und Männer im Vergleich. Faktenblatt. Online verfügbar unter https://www.klischee-frei.de/de/klischeefrei-faktenblatt-ausbildung-101540.php, zuletzt geprüft am 04.01.2022.

Köcher, Renate/Lukoschat, Helga (2021): Parteikulturen und die politische Teilhabe von Frauen. Eine empirische Untersuchung mit Handlungsempfehlungen an die Parteien. Hrsg. von der EAF Berlin. Online verfügbar unter https://www.eaf-berlin.de/fileadmin/eaf/Publikationen/Parteikulturen_210x317_RZ-Hyperlinks-Ansicht_211028.pdf, zuletzt geprüft 04.11.2022.

Könne, Christian (2018): Schwule und Lesben in der DDR und der Umgang des SED-Staates mit Homosexualität. In: Deutschland Archiv. Online verfügbar unter https://www.bpb.de/265466, zuletzt geprüft am 22.05.2022.

Krahl, Kathrin/Ellger, Jörn (2016): Lolitschai – Verniedlichung und unverurteilte weibliche Täterschaft im Nationalsozialismus. In: Krahl, Kathrin/Meichsner, Antje (Hrsg.): Viele Kämpfe und vielleicht einige Siege. Texte über Antiromanismus und historische Lokalrecherchen zu und von Roma, Romnja, Sinti und Sintezze in Sachsen, Sachsen-Anhalt und Tschechien.

Dresden: Heinrich Böll Stiftung Sachsen, 195–199. Online verfügbar unter https://www.boell.de/sites/default/files/2016-08-viele_kaempfe_und_viellei cht_einige_siege.pdf, zuletzt geprüft am 08.06.2022

Krämer, Anike/Sabisch, Katja (2019): Inter*: Geschichte, Diskurs und soziale Praxis aus Sicht der Geschlechterforschung. In: Kortendiek, Beate/Riegraf, Birgit/Sabisch, Katja (Hrsg.): Handbuch Interdisziplinäre Geschlechterforschung (Geschlecht und Gesellschaft, 65). Wiesbaden: Springer Fachmedien/Springer Nature, 1213–1222.

Kümmerling, Angelika (2018): Geschlechtsspezifische Unterschiede in den Arbeitszeiten. Fortschritt auf der einen, Stagnation auf der anderen Seite. IAQ-Report, Nr. 2018-08 (Aktuelle Forschungsergebnisse aus dem Institut Arbeit und Qualifikation, 8). Online verfügbar unter http://www.iaq.uni-due.de/iaq-report/2018/report2018-08.php, zuletzt geprüft am 04.11.2022.

Lange, Helene (1887): Die höhere Mädchenschule und ihre Bestimmung. Begleitschrift zu einer Petition an das preußische Unterrichtsministerium und das preußische Abgeordnetenhaus. Berlin: Oehmigke.

Lehnert, Bettina/Gerberding, Christine (2022): Gewalt gegen Frauen: Jeden dritten Tag geschieht ein Femizid. Online verfügbar unter https://www.ndr.de/kultur/Femizide-in-Deutschland-Wenn-Maenner-Frauen-toeten,femizid100.html, zuletzt geprüft am 27.06.2022.

Leo, Annette (2018): Die ›Wunschkindpille‹. In: Digitales Deutsches Frauenarchiv. Online verfügbar unter https://www.digitales-deutsches-frauenarchiv.de/themen/die-wunschkindpille, zuletzt geprüft am 22.05.2022.

Lepiarz, Jacek (2021): Polen: Proteste nach dem Tod von Izabela S. In: Deutsche Woche, 06.11.2021. Online verfügbar unter https://p.dw.com/p/42gHk, zuletzt geprüft am 24.06.2022.

LpB BW – Landeszentrale für politische Bildung Baden-Württemberg (2021): Geburtsstunde des Frauenwahlrechts in Deutschland 12. November 1918. Online verfügbar unter https://www.lpb-bw.de/12-november#c62669, zuletzt geprüft am 15.05.2022.

LSVD – Lesben- und Schwulenverband (o. J.): Homophobe Gewalt: Angriffe auf Lesben, Schwule, bisexuelle, trans- und intergeschlechtliche Menschen (LSBTI). Zahlen/Statistik zu homophober und transphober Gewalt / PMK Hasskriminalität aufgrund der sexuellen Orientierung. Online verfügbar unter https://www.lsvd.de/de/ct/2445-Homophobe-Gewalt#wie-viel-hasskriminalitaet-gegen-lsbt, zuletzt geprüft am 27.06.2022.

LSVD – Lesben- und Schwulenverband (o. J.): Paragraph 175 StGB: Verbot von Homosexualität in Deutschland. Verfolgung von Homosexuellen in Deutschland – Geschichte eines Schandparagraphen. Online verfügbar un-

Literaturverzeichnis

ter https://www.lsvd.de/de/ct/1022-Paragraph-175-StGB-Verbot-von-Homosexualitaet-in-Deutschland, zuletzt geprüft am 26.06.2022.

Lühe, Josefine/Becker, Michael/Neumann, Marko/Maaz, Kai (2017): Zur Bedeutung der sozialen Herkunft für Geschlechterunterschiede im Bildungserfolg. In: Zeitschrift für Soziologie der Erziehung und Sozialisation (ZSE), 37 (4), 416–463.

Mahler Walther, Kathrin/Lukoschat, Helga (2020): Bürgermeisterinnen und Bürgermeister in Deutschland 30 Jahre nach der Wiedervereinigung. Ergebnisse einer repräsentativen Befragung. Hrsg. von der EAF Berlin. Online verfügbar unter https://www.eaf-berlin.de/fileadmin/eaf/Publikationen/Bu%CC%88rgermeister_innen_Deutschland_repra%CC%88sentative_Umfrage-EAF_____.pdf, zuletzt geprüft am 04.11.2022.

Mahr, Dana (2022): Reaktionärer Biologismus. Was rechte Akteure und ›radikale Feministinnen‹ verbindet. Online verfügbar unter https://geschichtedergegenwart.ch/reaktionaerer-biologismus-was-rechte-akteure-und-radikale-feministinnen-verbindet, zuletzt geprüft am 29.09.2022.

Mangold, Anna Katharina (2018): Stationen der Ehe für alle in Deutschland. In: Dossier Homosexualität. Online verfügbar unter https://www.bpb.de/themen/gender-diversitaet/homosexualitaet/274019/stationen-der-ehe-fuer-alle-in-deutschland, zuletzt geprüft am 26.06.2022.

Matthes, Monika (2008): Migration und Geschlecht in der Bundesrepublik Deutschland. Ein historischer Rückblick auf die »Gastarbeiterinnen« der 1960/70er Jahre. In: Femina Politika, 1/2008, 19–28.

Matthes, Monika (2019): Gastarbeiterinnen in der Bundesrepublik Deutschland. In: Kurzdossiers Frauen in der Migration. Online verfügbar unter https://www.bpb.de/themen/migration-integration/kurzdossiers/289051/gastarbeiterinnen-in-der-bundesrepublik-deutschland, zuletzt geprüft am 18.6.2022.

Menz, Margarete (2020): Kindertagesstätten. In: Bollweg, Petra/Buchna, Jennifer/Coelen, Thomas/Otto, Hans-Uwe (Hrsg.): Handbuch Ganztagsbildung. Wiesbaden: Springer VS, 835–846.

Metz-Göckel, Sigrid (1996): Die »Deutsche Bildungskastastrophe« und Frauen als Bildungsreserve. In: Kleinau, Elke/Opitz, Claudia (Hrsg.): Geschichte der Mädchen- und Frauenbildung. Bd. 2: Vom Vormärz bis zur Gegenwart. Frankfurt a. M.: Campus, 373–385.

Meuser, Michael/Neusüß, Claudia (Hrsg.) (2004): Gender Mainstreaming. Konzepte, Handlungsfelder, Instrumente (Schriftenreihe der BpB – Bundeszentrale für politische Bildung, 418). Bonn: BpB.

Mok, Sog Yee/Knogler, Maximilian/CHU Research Group (2017): Bekommen Mädchen tatsächlich bessere Schulnoten als Jungen? www.clearinghouseunterricht.de, Kurzreview 11. Online verfügbar unter https://www.cleari nghouse.edu.tum.de/wp-content/uploads/2017/07/CHU_KR11_Voyer_2014_ Geschlechterunterschiede-Noten.pdf, zuletzt geprüft am 04.11.2022.

Nave-Herz, Rosemarie (1997): Die Geschichte der Frauenbewegung in Deutschland. 5., überarbeitete und ergänzte Auflage, Hannover: LpB Niedersachsen. Online verfügbar unter https://www.politische-bildung.de/niedersachsen/frauenbewegung.pdf, zuletzt geprüft am 30.11.2022.

NDR (2021): Rostock: Pfleger aus Vietnam erfolgreich beim Ausbildungsabschluss. Online verfügbar unter https://www.ndr.de/nachrichten/mecklenburg-vorpommern/Rostock-Pfleger-aus-Vietnam-erfolgreich-beim-Ausbildungsabschluss,pflegeausbildung112.html, zuletzt geprüft am 27.06.2022.

Oldemeier, Kerstin (2018): Coming-out mit Hürden. In: DJI Impulse – Das Forschungsmagazin des Deutschen Jugendinstituts, 120 (2), 13–17.

Padget, Donald (2022): Pro-Trump Candidate Calls for Executing Parents of LGBTQ+ Kids. Online verfügbar unter https://www.advocate.com/news/2022/6/14/pro-trump-sc-candidate-mark-burns-calls-executing-allies-lgbtq-kids, zuletzt geprüft am 24.06.2022.

PEN America (2022): Banned in the USA: The growing movement to censor books in school. Online verfügbar unter https://pen.org/report/banned-usa-growing-movement-to-censor-books-in-schools, zuletzt geprüft am 01.10.2022.

Pfeiffer, Christian/Hecht, Patricia (2022): Kriminologe Christian Pfeiffer: »Im Kern war ich immer Feminist«. In: taz, 15.05.2022. Online verfügbar unter https://taz.de/Kriminologe-Christian-Pfeiffer/!5852042/, zuletzt geprüft am 27.06.2022.

Pross, Helge (1969): Über Bildungschancen von Mädchen in der Bundesrepublik. Frankfurt a. M.: Suhrkamp

Samtleben, Claire (2019): Auch an erwerbsfreien Tagen erledigen Frauen einen Großteil der Hausarbeit und Kinderbetreuung. In: DIW Wochenbericht (DIW Berlin – Deutsches Institut für Wirtschaftsforschung e. V.), 10/2019, 139–145.

Schröder, Hannelore (2018): Olympe de Gouges. Online verfügbar unter https://www.fembio.org/biographie.php/frau/biographie/olympe-de-gouges, zuletzt geprüft am 14.05.2022.

Schrupp, Antje (2019): Essay über Körper, Geschlecht und Politik. Münster: Ulrike Helmer Verlag.

Schubert, Klaus/Klein, Martina (2006): Das Politiklexikon. 4., aktualisierte Auflage, Bonn: BpB.

Sontheimer, Michael (2018): Erst vergewaltigt, dann vergessen. In: Spiegel Geschichte – Nachkriegsschicksal. Online verfügbar unter https://www.spie

gel.de/spiegelgeschichte/deutschland-nach-dem-zweiten-weltkrieg-das-leid-vergewaltigter-frauen-a-1190761.html, zuletzt geprüft am 27.06.2022.

Stahlberg, Dagmar/Sczesny, Sabine/Braun, Friederike (2001): Name your favorite musician: Effects of masculine generics and of their alternatives in German. In: Journal of Language and Social Psychology, 20 (4), 464–469.

Statistik der Bundesagentur für Arbeit (2019): Berichte: Blickpunkt Arbeitsmarkt – Die Arbeitsmarktsituation von Frauen und Männern 2018, Nürnberg.

Statistik der Bundesagentur für Arbeit (2021): Berichte: Blickpunkt Arbeitsmarkt – Die Arbeitsmarktsituation von Frauen und Männern 2020, Nürnberg.

Steinbach, Anja (2017): Mutter, Vater, Kind: Was heißt Familie heute? In: Aus Politik und Zeitgeschichte, 30–31/2017, 4–8. Online verfügbar unter https://www.bpb.de/shop/zeitschriften/apuz/252649/mutter-vater-kind-was-heisst-familie-heute-essay, zuletzt geprüft am 24.06.2022.

Tagesschau (2022): Erneut mehr Opfer häuslicher Gewalt. Online verfügbar unter https://www.tagesschau.de/inland/corona-haeusliche-gewalt-101.html, zuletzt geprüft am 27.06.2022.

Vereinte Nationen – Sicherheitsrat (2008): Resolution 1820 vom 19. Juni 2008. In: Resolutionen und Beschlüsse des Sicherheitsrats 1. August 2007 – 31. Juli 2008. S/INF/63, 163–166.

Von Hindenburg, Barbara (2018): Die Auswirkungen des Frauenwahlrechts in der Weimarer Republik. In: Dossier Frauenwahlrecht. Online verfügbar unter https://www.bpb.de/themen/zeit-kulturgeschichte/frauenwahlrecht/279340/die-auswirkungen-des-frauenwahlrechts-in-der-weimarer-republik, zuletzt geprüft am 08.06.2022.

Walter-Bolhöfer, Cordula (Hrsg.) (2021): Konjunkturumfrage 2021. Entwicklungen und Trends im deutschen Au-pair-Wesen. Neunkirchen-Seelscheid: Calypso.

Wenzel, Cornelia/Wolff Kerstin (2019): Dr. Elisabeth Selbert. In: Digitales Deutsches Frauenarchiv. Online verfügbar unter https://www.digitales-deutsches-frauenarchiv.de/akteurinnen/elisabeth-selbert, zuletzt geprüft am 19.05.2022.

Wildt, Michael (2012): Nationalsozialismus. Aufstieg und Herrschaft (Informationen zur politischen Bildung, 314). Bonn: BpB.

Wittenius, Marie (2022): Die transnationale Anti-Gender-Bewegung in Europa. In: Dossier Angriff auf die Demokratie? Anti-Gender-Bewegungen in Europa (Gunder Werner Institut der Heinrich Böll Stiftung). Online verfügbar unter https://www.gwi-boell.de/de/2022/02/03/die-transnationale-anti-gender-bewegung-europa, zuletzt geprüft am 24.06.2022.

Literaturverzeichnis

Wittmütz, Volkmar (2007): Die preußische Elementarschule im 19. Jahrhundert. In: Themenportal Europäische Geschichte. Online verfügbar unter https://www.europa.clio-online.de/essay/id/fdae-1436, zuletzt geprüft am 14.05.2022.

Wolf, Christian/Bensch, Karin (2020): Fünf Jahre nach der Kölner Silvesternacht: Was ist damals passiert? Online verfügbar unter https://www1.wdr.de/nachrichten/silvesternacht-koeln-chronologie-uebergriffe-100.html, zuletzt geprüft am 27.06.2022.

Woweries, Jörg (2012): Zur Situation von Menschen mit Intersexualität in Deutschland. Stellungnahme für den Deutschen Ethikrat. Online verfügbar unter https://www.ethikrat.org/fileadmin/PDF-Dateien/Stellungnahmen_Sachverstaendige_Intersexualitaet/Woweries_-_Expertenbefragung.pdf, zuletzt geprüft 30.11.2022.

Zeit Online (2018): Weniger Ärzte nehmen Schwangerschaftsabbrüche vor. Online verfügbar unter https://www.zeit.de/gesellschaft/zeitgeschehen/2018-08/schwangerschaftsabbrueche-statistisches-bundesamt-arztpraxen-kliniken, zuletzt geprüft am 24.06.2022.

Zeit Online (2021): Geschlechtsangleichende Operationen bei Kindern werden verboten. Online verfügbar unter https://www.zeit.de/politik/deutschland/2021-05/intersexualitaet-kinder-operation-geschlechtsangleichung-verbot, zuletzt geprüft am 27.06.2022.

Zetkin, Clara (1890): Für die Befreiung der Frau! Rede auf dem Internationalen Arbeiterkongreß zu Paris (19. Juli 1889), in: Liebknecht, Wilhelm (Hrsg.): Protokoll des internationalen Arbeiter-Congresses zu Paris. Abgehalten vom 14. bis 20. Juli 1889. Nürnberg: Wöhrlein & Comp, 80–85.

Abbildungsverzeichnis

Abb. 1 Foto: Archiv der sozialen Demokratie, Sign. 6/FOTA009876 39
Abb. 2 Foto: Bestand Erna Wagner-Hehmke, Stiftung Haus
  der Geschichte 52
Abb. 3 Grafik: WSI-Genderdatenportal 94
Abb. 4 Grafik: WSI-Genderdatenportal 97
Abb. 5 Grafik: WSI-Genderdatenportal 106
Abb. 6 Grafik: WSI-Genderdatenportal 110
Abb. 7 Grafik: Eigene Darstellung 112
Abb. 8 Grafik: Eigene Darstellung 113
Abb. 9 Grafik: Eigene Darstellung (nach BMFSFJ 2004: 18) 123

Nicht nummerierte Abbildungen

Olympe de Gouges – Gemälde: Alexander Kucharsky (18. Jh.) 18
Betty Gleim – Gemälde: Georg Friedrich Adolph Schöner (ca. 1815) 24
Florence Nightingale – Gemälde: unbekannt (19. Jh.) 25
Gelbe Broschüre – Foto: Horst Ziegenfusz/Historisches Museum
  Frankfurt (CC BY-SA 4.0) 28
Clara Zetkin – Foto: unbekannt (ca. 1920) 31
Elisabeth Selbert – Foto: Archiv der deutschen Frauenbewegung,
  Sign. NL-P-11; A-F1/00301 53